激发式教育

Margot Machol Bisnow

［美］玛戈特·马科尔·比斯诺◎著

唐晓璐◎译

RAISING AN ENTREPRENEUR

中国友谊出版公司

图书在版编目（CIP）数据

激发式教育 /（美）玛戈特·马科尔·比斯诺著；
唐晓璐译 . -- 北京：中国友谊出版公司， 2022.12

ISBN 978-7-5057-5560-4

Ⅰ . ①激… Ⅱ . ①玛… ②唐… Ⅲ . ①家庭教育
Ⅳ . ① G78

中国版本图书馆 CIP 数据核字 (2022) 第 182489 号

著作权合同登记号　图字：01-2022-1940

RAISING AN ENTREPRENEUR : 10 RULES FOR NURTURING RISK
TAKERS, PROBLEM SOLVERS, AND CHANGE MAKERS By MARGOT
MACHOL BISNOW
Copyright : © 2016 BY MARGOT MACHOL BISNOW
This edition arranged with NEW HARBINGER PUBLICATIONS
through BIG APPLE AGENCY, INC., LABUAN, MALAYSIA.
Simplified Chinese edition copyright :
2022 Beijing Standway Books Co., Ltd
All rights reserved.

书名	**激发式教育**
作者	[美] 玛戈特·马科尔·比斯诺
译者	唐晓璐
出版	中国友谊出版公司
发行	中国友谊出版公司
经销	新华书店
印刷	天津中印联印务有限公司
规格	710×1000 毫米　16 开
	15 印张　242 千字
版次	2022 年 12 月第 1 版
印次	2022 年 12 月第 1 次印刷
书号	ISBN 978-7-5057-5560-4
定价	58.00 元
地址	北京市朝阳区西坝河南里 17 号楼
邮编	100028
电话	(010) 64678009

推荐语

我们这个世界渴求创造者——那些能够将热情转化为实际项目，继而创造一个更加美好的世界的人。本书的作者是一位母亲，她的目的是帮助其他母亲（和父亲）培养孩子的创造潜力。本书讲述了许许多多父母和他们孩子的励志故事。为了我们的孩子和我们的世界，一定要读一读这本书。

——梅拉尼·沃威尔（Melanne Verveer），全球妇女问题前美国大使，

《快速前进》（*Fast Forward*）作者

如果你是一位母亲，曾经想过自己的孩子将来是否会成为一名成功人士，或者如果他/她有这方面潜力，你又不知道该如何提供帮助，就一定要读一读玛戈特的这本书——书中讲述了许多励志的故事，激励我们去寻找能够支持孩子成长为优秀人才的方法。一定要买来好好读一读这本书！

——艾丽莎·瑟珂（Alissa Circle），Pollinate 传媒集团联合创始人、首席执行官，

"上瘾者日记"（*Diary of an Addict*）博客专栏作者

那些颇有影响力的人通过在我们生活中的关键领域进行创新，继而改变世界，例如健康、能源、食品和教育等领域。你的孩子很有可能成为下一代具有远见卓识的创业者。玛戈特指导家长如何激发孩子的创造精神。

——史蒂夫·凯斯（Steve Case），Revolution and The Case 基金会主席，

《互联网第三次浪潮》（*The Third Wave*）作者

所有父母都应竭尽全力支持孩子去追求自己的梦想。玛戈特为各位母亲、父亲和（外）祖父母们学习这一重要课程提供了完美的教科书。

——芭芭拉·哈里森（Barbara Harrison），NBC 第四频道新闻主播，

NBC 出品《星期三的孩子》（*Wednesday's Child*）栏目创始人

作为一名女性创业者和母亲，玛戈特的书引发了我内心深处的共鸣。她帮助父母们制定了培养孩子的步骤，为他们提供了创办公司或非营利性组织所需的技能。

——丹尼尔·泰特（Danielle Tate），《优雅的创业者》（*Elegant Entrepreneur*）作者，

www.missnowmrs.com 创始人兼首席执行官

想培养孩子有勇气成为一名富有激情的创新型人才，那么这本书无疑是你的必读书目。来自各行各业成功人士的故事和作者的建议有助于父母支持子女对成功的渴望，等到他们长大后，也会把这些价值观落实到自己的工作当中去。

——基思·法拉奇（Keith Ferrazzi），《纽约时报》畅销书《谁在背后支持你》

（*Who's Got Your Back*）和《别独自用餐》（*Never Eat Alone*）作者，

Ferrazzi Greenlight 创始人兼首席执行官

这是所有父母关心的问题：如何培养孩子成为关心他人、关注时事、无所畏惧和坚韧不拔的人；尽早学会充满自信地驾驭内心的激情，在长大后有所成就。事实证明，想要做到这一点靠的不是运气或遗传。通过采访数十位当今顶尖的创业人士和变革者，以及更重要的——他们的母亲，玛戈特向我们展示了一份放之四海而皆准的"秘籍"。

——凯莱尔·希普曼（Claire Shipman），ABC《早间美国》（*Good Morning America*）

栏目国家资深记者，《女性经济学》（*Womenomics*）联合作者

那些对世界做出卓越贡献的人并非只等到成年后才"开窍"，童年生活无疑早早地对他们产生了影响。玛戈特向我们展示了父母如何指导孩子的成长。

——谢家华（Tony Hsieh），《纽约时报》畅销书《回头客战略》

（*Delivering Happiness*）作者，zappos 前首席执行官

谨以本书献给我的家人：我出色的丈夫马克，我们才华横溢的儿子艾略特和奥斯汀，以及一直在激励我的父母。

目 录
CONTENTS

1

✦ 原则九　让孩子自行探索

✦ 结论　相信你的孩子

✦ 特别附赠　我亲身实践过的教养原则　205

✦ 序 言

"因为我的母亲相信我！"

作为年轻人，想必我们都曾有过令父母极为头疼的时候。为实现自己的宏愿，我们兄弟俩不惜冒巨大风险。相较于墨守成规，我们更想要做真正的自己。我们俩一个想成立一家公司，另一个则立志组建一支乐队。在所有认识的人当中，只有我们俩下定决心要去做这些事。我们期待充满冒险的人生，想给自己一个机会做前人没有做过的事。

父母本可轻易将我们的期待扼杀在摇篮里，但他们并没有这么做，相反，他们选择相信我们。我们家遵循的唯一一条职业原则就是做自己喜欢的事情，因为从长远来看，只有这样我们才能够收获最多的快乐，并取得最大的成功。父母尽可能地打开我们的眼界，帮助我们找到各自热衷的东西。

也正因为他们选择相信我们，所以我们更不能令他们失望。

家人之间的关系一直很亲密，即便后来我们搬了出去，母亲也会经常见到我的新朋友，他们当中大多数人和我们一样，都白手起家想要做一番事业。她开始询问他们为什么会选择这样一条路。

结果令她大吃一惊——我们也没想到——他们的答案大同小异："因为我的母亲相信我！"母亲非常感动，她想要将这一发现大声告知全世界。

所以，我们建议她可以写一本书。可母亲找了很多借口，诸如"我不知道怎么写书。我这把年纪开始写作也太晚了。"云云。但我们告诉她，你很聪明，对此也非常有热情，你会想到办法的。"是你告诉我们要相信自己。现在，轮到我们告诉你：我们相信你，只要你有这份意愿，一定可以创造出自己想要的东西。"

成为一名创业者，白手起家不是件容易的事。当全世界都告诉你不可能的时候，相信自己会成功无疑是一项巨大的挑战，就好比所有人都认为你的梦想只不过是在浪费时间，你最好都不必尝试。对此，唯一的回答就是相信你自己。但在你选择相信自己之前，必须先有人相信你。

　　而这个人大多数情况下都是我们的母亲。

　　母亲能够写这本书，我们感到非常骄傲。看到她同全世界的父母和孩子分享这些宝贵的经验教训，我们欣喜异常。

　　感谢您，母亲。我们爱您。

艾略特·比斯诺、奥斯汀·比斯诺

母亲的力量

几乎每个孩子都被大人问过这样一个经典的问题："你长大了准备做些什么？"相较于以往，现在很多年轻人的回答都类似于"我想要为这个世界创造一些新东西"。

无论是新时代的医生和律师，还是专业运动员和流行歌手，抑或是创办自己的企业，或创立某个社会组织，这些人都在为这个世界创造一些崭新的东西。在今天，做自己喜欢的事不但可行，还令人无比向往。一项又一项调查研究显示，无论是在美国经济大萧条时期还是创业的黄金年代——抑或这两者之后，进入职场的人，都会这样讲：

"我想要掌握自己的命运。"

"我想要自行规划我的人生。"

"我想要让这个世界变得更好。"

"我想做自己喜欢做的事。"

"我想要创办一家公司。"

如今聪明的孩子大多把目光投向了那些能够打破重重藩篱最终功成名就的自主创业人士。他们想要成为那种不需要找工作的独立个体，因为他们想要自己创业。这是属于他们的时代。

但对于父母来说，孩子的"野心"可谓既"有志气"又不切实际。"做自己喜欢的事情"难道就意味着"同朋友合伙开一家小众设计公司"或者"靠打电子游戏为生"？（剧透警告：可能两者皆有。）父母有足够的理由宣称，不是每个人都能成为马克·扎克伯格。选择一条安全且清晰的职业道路不是更好吗？比如，攻读一个有助于你在一家知名公司——甚至是脸书——找到工作的学位。

也许吧。毕竟，不是所有人都能够忍受创业者或自由工作者那充满风险与不确定的人生的——也很少有人能熬过来。但对某些孩子来说，这却是他们通往成功、满足、成长和人生幸福的理想之路。无论他们注定要成为未来的扎克伯格，或者开一家小型本地公司，从事表演艺术，抑或创办一个非营利性组织，这些都是艰难的道路。

你或许并不知晓自己的孩子是否会被这样充满挑战的道路所吸引——那种凭借自己的双手开启一项事业的自由感和兴奋感。但你还是可以去了解很多东西，然后从现在起开始行动，帮助孩子挖掘自身潜能，培养他们的特长。通过本书，你将了解如何激发孩子的创造力和成长动力，了解你应该扮演何种角色。什么才是重要的？什么又是无关紧要的？

即便我的两个儿子都是非常有进取心的创业人士，他们对自己人生感到非常满足，但有些问题我从来没有想过去问他们。在他们还小的时候，我丈夫和我完全看不到他们未来的职业道路会怎样——毫无头绪。

现在回过头看，我由衷地希望当时的自己能够阅读一些真实的人生故事：那些对社会卓有贡献的人是如何长大的——不单单是比尔·盖茨和史蒂夫·乔布斯，还有那些对家长和孩子来说更容易企及的对象，正如本书里谈及的那些人。如此一来，我丈夫和我便会了解到我们的孩子可能会朝着什么方向去发展，追求一个有意义的人生。

就父母而言，对最重要的事情——孩子的成长——一无所知，着实令人伤透脑筋。

所以，我们有疑虑和恐惧也很正常。这个世界发展变化得太快，我们如何确保孩子未来能够取得成功，并且收获真正意义上的幸福呢？正是因为不确定性和高风险的存在，我们才想要稳扎稳打。

金钱的意义是什么？

当我和其他人聊起创业或自由职业这类事时，"钱"这个可怕的字眼儿总是避无可避。我发现人们对金钱有两个普遍的误解。

第一是担心孩子一旦把时间都花在追求自己的爱好上面，可能没办法赚到足够的钱养活自己。

每当父母看到孩子全然沉迷于某件事情当中，例如创作音乐、打电子游戏、拆东西、拼乐高或者某项运动，就觉得自己有责任给这些活动设定一个限度，担心它们占据孩子太多时间和注意力，继而导致他们会忽视更重要的追求，长大之后无法谋生。

抑或，父母会强迫念大学的子女学习某类特定的课程，必须完成大学的学业，或者继续深造，即便子女对他们的建议毫无兴趣。

我并不反对获取学术和专业学位——我丈夫和我都有学士学位，并且这很有用。但倘若这些东西同你孩子的兴趣爱好毫不相关，抑或待在学校只为了拿一张学位证或建立人脉以帮助自己获得一个高薪职位的话，那么念书真的只是浪费时间。只要你真的热衷于某件事，且愿意付出辛勤努力，终究会找到属于自己的谋生之道，在该领域是否取得相应的文凭并不重要。

进一步来说，远离自己不感兴趣的东西会让他们更开心。并且我一直相信，无论做任何事，如果不能持之以恒的话，便无法取得成功；而对于不喜欢的事情，没有人会孜孜不倦地投入其中。

加州奥海撒切尔中学（Thacher School）的校长迈克尔·穆里根（Michael Mulligan）引用的一份研究报告表明，许多千禧一代之所以感到抑郁，是因为他们不得不努力工作，只为在父母为其选择的事业领域取得成功。他写道："我们可以做得更好，事实上，我们都必须努力工作才能取得成功，如果是这样的话，至少让我们把时间花在重要的，或者我们关心的事情上。"

有关金钱的第二个误解是，它是工作的驱动力。我并不这么认为。正相反，与我交谈过的每一个人都坚持称他们之所以全身心投入到自己的事业当中，是为了创造出更好的产品或提供更好的服务，为了改变这个世界。就算你对此不以为然，也很难想象会有人心甘情愿、打起十二分精神忍受一天 18 小时不间断的融资焦虑，还要时刻关注变幻莫测的市场情形，只为搏那风险性极高，且（在最好的情况下）等待许久才能赚到的第一桶金。

杜克大学商学院（Duke Business School）的院长比尔·博尔丁（Bill Boulding）

指出，未来的领袖应该关心的是如何让世界变得更加美好，而不是赚钱。他们寻找的是"关心他人的人，将他人的成功视为自己成功的助力，有使命感并且希望改变世界的人"。

聚焦未来的创新型人才

在为写作本书查找资料和做采访的过程中，我对于"创新型人才"这一概念的理解也在不断发生变化。就本书的写作目的而言，创新型人才可以指代所有那些开启某项事业并将脑海里的一个想法化作现实以及将满腔热情转化为实际项目的人们。所以在我看来，创新型人才并非仅仅是营利性企业的创始人，还应涵盖那些成立非营利性组织和公益组织继而改变了世界的人。创新型人才是那些自行组建制作团队的演员们，是自行组建乐队，寻找经理、发行人和代理商的一群音乐人，是致力于创建更美好的世界的活动家。

你如何知晓自己的孩子具有创造力？答案当然不能一概而论，但确实有一些迹象可以遵循：

- 你儿子是一名非常优秀的学生，可同某些课外活动比起来，他就是对上课提不起兴趣。
- 你女儿更喜欢拆电脑、画画、唱歌、用乐高积木搭建村庄或贩售女童子军饼干，对其他一切都不感兴趣。
- 你的孩子热衷于发号施令和做组织工作（无论是组织活动还是组织人）。
- 你女儿经常会问为什么事情非得要这么做，并且总是会想出新的做事方法。
- 与其花 1 个小时做自己不感兴趣的事，你儿子更愿意花 10 个小时在自己喜欢的事情上；就算他在做作业时无法集中注意力，但在面对喜欢的东西时，他会给予高度集中的注意力和投入度。
- 你孩子热衷于卖东西或做些小生意。
- 你孩子热爱运动或其他形式的竞争。

就算你不相信早餐桌旁边坐着一位未来能改变世界的人，结果可能还是会令你大吃一惊。本书提及的大多数人在年幼时并未表现出未来会成为成功者的特质，而这也是你一定要为孩子创造更多机会的另一个理由。

大多数情况下，孩子要等到长大一些之后才知道自己到底想要什么。

总的来说，对于孩子未来的职业规划，做父母的很难真正甩手不管。确保他的努力有所回报难道不是一种很好的鼓励，且有助于他建立自信，并在未来取得成功吗？实际上，这种做法很可能事与愿违（详见原则二）。难道不应该敦促他在学校取得好成绩吗？也大可不必（详见原则三）。

所以说，你会影响孩子未来成为怎样的人吗？在采访了60多位事业蒸蒸日上的成功人士和／或他们的母亲后，我发现答案毫无疑问是肯定的。是的，你的确有这样的影响力，只不过或许并非以你所期待的那种形式表现。

万变不离其宗：相信你的孩子

在同这些成功人士及他们的母亲交谈时，我开始思考他们告诉我的种种，我意识到一个统领"培养一名创新型人才的九条原则"的"总纲"，即每个孩子都有与众不同之处，而你要做的就是帮助他们挖掘自身的天赋，培养并给予支持。

秘诀就是这么简单，但想要持之以恒地坚持下来，顺利度过许多微小却重要的时刻并不容易。这意味着你要相信孩子们的能力，让他们知晓，你相信他们在自己热衷的领域能够取得成功。我相信所有父母都希望孩子长大后能够快乐，能够有所成就。但很多孩子实际上并不快乐，因为他们所做的事情并不是自己喜欢的，他们甚至都不知道自己到底喜欢什么，也没有时间和精力去发掘。他们所做的是家长觉得能让孩子获得成功的事，或者更进一步说，是家长认为孩子会感到快乐的事。

所以，我们这里要探讨的不是如何去爱你的孩子或者希望他们得到幸福，我相信大多数父母在这些方面已经做得很好了，也并非多么渴望帮助孩子取得成功。重点在于要相信孩子的能力，让他们知晓，你相信他们在自己热衷的领域能够取得成功。

这是培养一名创新型人才的基本条件：坚定不移地相信孩子的能力，并有意识地支持孩子培养这些能力。这听着简单，实践起来却并不容易。

在我看来，对于任何一个孩子来说，家长都应该引导他对自身能力感到骄傲、自信、无所畏惧，引导他产生强烈的工作责任感。但后来我发现，这些特质对于培养创新型人才来说更是至关重要。具备这些特质，你的孩子未必能够成为一名成功人士，但倘若缺乏这些特质，更是绝无可能。

从某种程度上说，培养孩子具备创新精神，你需要做的事可能看上去和平常给予孩子支持并无二致。但前者所需的方法和态度，或许同你熟知的那些教育子女的方针略有出入，而这便是本书的切入点所在。

隐藏于一切背后的秘密：母亲的力量

在写作本书的过程中，我选取了一位母亲的视角，而非社会学家、学者、心理学家或家庭治疗师等，因为我自己就是一位母亲。我试图寻找并分享许许多多家庭的故事，去发掘和提炼有助于培养一群自信和充满创意的年轻人走上自己独特道路的教育方式。

如今，年轻人想要做一番事业几乎没什么限制。过去 20 年间这个世界发生了翻天覆地的变化，如果想要创业，不一定非要找一间办公室，拥有员工、律师和会计或专业的投资建议，只需满足以下三点：

1. 一个好的想法。
2. 十足的自信。
3. 充满激情、夜以继日地工作。

事实上，可能还需要第四点，那就是有一位伟大的母亲，能够像后文中所提及的那样提供支持。

本书将讲述许许多多的母亲在面对不同的情境时，如何培养出出类拔萃的子女：这些孩子的兴趣爱好各不相同，甚至他们所选择的道路可能起初看上去并没有什么光明的前途可言。

当然，请不要误解我的话。父亲的重要性同样不言而喻。很多成功人士都坦言他们的父亲、祖父母和继父母等对其成长都有一定程度的影响。我总结的这些原则适用于任何立志培养出出类拔萃的孩子的父母。

然而，在我的调研中，相较于父亲或其他人，母亲才是真正的秘密之所在，她们培养了孩子在面对风险时的自信和忍耐力，这无疑是一名在任何领域出类拔萃的人应具备的两种重要特质。

那么，我又是如何聚焦到母亲这一群体的？这其实是一个循序渐进的过程，它开始于我同一群已在事业上取得成功的年轻人的会面——大多数都是通过我的大儿子艾略特认识的，艾略特为各行各业的青年领袖们创办了巅峰系列论坛（Summit Series）。

每当同这些优秀的年轻人会面时，我都会问他们几个同样的问题：

你是如何成长为现在的自己的？

是什么令你如此自信，并愿意为你的事业全力以赴？

你受谁的影响最深？

他们的回答其实大同小异："如果没有我母亲，我无法取得今天的成就。她信赖我，对我的兴趣爱好给予全力支持。我之所以能够走到今天，她功不可没。"

我备受震撼，也大为感慨。我很清楚，其他少年和青年的母亲们即便在教育子女的问题上毫无头绪，也必定如这些成功者的母亲一般爱她的孩子。所以，我决定采访一下这些成功者的母亲，看看她们到底做了哪些正确的事，我想应该会发现一些重要的东西。

我撒了一张大网：选择了几十个兴趣爱好和特长技能各异的年轻男女，虽然他们在各自的领域获得了成功，但他们的种族、社会经济背景、所处的地理环境、文化传统和家庭结构各不相同。在采访了一位又一位母亲之后，我愈发清楚地意识到，尽管从某种程度上说，每个人都有各自的成长方式，但在一些关键方面他们所接受的教导却是相同的。

我惊奇地发现，所有这些成功人士的母亲，她们彼此各不相识，也谈不上有共同的背景，甚至于自己都没有意识到，但她们都遵循了本书中提及的这九条原则（或其中大多数）。在采访过程中，它们逐一显现，并愈渐清晰。我必须将这些发现分享出来，所以我决定写这本书。

为了给本书做调研，我采访了许多成功人士或他们的母亲，有时候两者兼有。受访的创业者当中一半是男性，一半是女性；他们背景迥异，各自的兴趣爱好与特长也各不相同。有的人家境富裕，有的人生活拮据。有的人来自大家庭，有的人来自三口之家，有的人则来自混合家庭。他们来自美国和其他国家的大城市与小村镇，有各自的种族背景和宗教信仰。有的人父母仍在婚姻关系当中，有的人父母已经离异，有的人由单亲妈妈抚养长大，有的人父母已经过世。

以下是你将会在本书中遇到的一些人：

- 迈克尔·查森（Michael Chasen）的母亲经常听朋友说起，让孩子花那么多时间在玩电脑上根本就是在浪费生命。几年后，迈克尔利用自己的电脑技术创立毕博（Blackboard）公司，随后以 15 亿美元的价格将其出售。
- 亚历克西斯·琼斯（Alexis Jones）小时候喜欢表演和讲故事。原本可能只是童年的一种消遣，但她却表现出了异常认真的态度。最终，她创办了"我就是那个女孩"（I AM THAT GIRL）大型在线社区。如今，她是妇女运动和千禧一代的国际意见领袖。
- 朱浩伟（Jon Chu）在高中时不仅喜欢看视频，还亲自拍摄和制作。他说服自己的老师允许他提交自己的视频作品代替论文。如今，他是一位著名的电影导演。
- 本尼·布兰科（Benny Blanco）的母亲经常听幼儿园的老师抱怨，本尼在读书会上根本坐不住。而到了高中，他朋友又嘲笑他参加说唱比赛根本是在浪费时间。是的，他的确走上了一条截然不同的道路。但如今，他已成为全美顶尖的作曲人之一，有 20 首冠军榜单作品。
- 佩奇·麦考斯基（Paige Mycoskie）小时候痴迷于艺术，梦想着某一天能够自己设计服装。生日的时候，祖父母和外祖父母各给了她 100 美元当作生日礼物，她用这笔钱买了一台缝纫机，搬回老家之后就开始缝制衣服。如今，她创办的 Aviator Nation 公司已有 5 家店铺。

- 罗伯特·斯蒂芬斯（Robert Stephens）小时候喜欢修理东西，他的父母本该惋惜孩子的天赋都用在了职业技能而非专业工作上；但也正是得益于这一兴趣爱好，他后来创办了"极客小分队"（Geek Squad）。
- 凯文·普兰克（Kevin Plank）的母亲经常对他说："这个世界没有棘手的问题，只有尚未找到的解决办法。"在大学打橄榄球时，他厌倦了每次一出汗自己的棉质 T 恤就会湿透，于是，他找到了一种更好的面料，并创办了安德玛（Under Armour）服装品牌。

你是否注意到他们的一个共同点？

刚开始为写作本书采访成功人士及其母亲的时候，我以为我很清楚自己会找到怎样的答案，但后来我发现根本不是那么回事。我惊讶于在培养一名优秀的年轻人的过程当中，到底什么才是重要的，以及什么无关紧要。而更令人难以置信的是，所有这些成功人士，无论背景有多大差异，他们的成长经历都如此相似。这些清晰的线索共同构建起了你即将要阅读到的九条原则，你和你的孩子都将从中受益。

本书的目的并不是为了将你的孩子培养成为一名成功人士，而是让你了解到，让孩子沿着你为他们选择的道路前行无疑会扼杀他们的成就感；在阅读了这些故事之后，你会发现，想让你的孩子拥有他们真正想要的人生，帮他们获得个人成就感是多么重要。

我希望这本书能够激励你把选择权交给孩子自己，无论这是一条广阔、笔直、清晰的大道，还是一条蜿蜒曲折、充满意外的独特小径，不要阻碍任何一种可能。

如果你的孩子具备创新精神，并且热衷于探索旁人鲜少踏足的道路，本书将指导你如何培养这份热情。当孩子跟随自己的热情、追寻自己的目标时，当他们无所畏惧地做出充满成就感的抉择时，你要学会给予他们支持。对于你即将踏上的旅程，我感到激动万分。

原则一
尊重孩子的爱好与热情

本书提及的所有成功人士几乎都有一个共同点，即他们的父母(特别是母亲)均对孩子某项课余爱好给予了大力支持，例如运动、计算机、音乐、电子游戏，向邻居贩售物品，甚至是参加聚会，这对他们未来成长为优秀的人大有裨益。

相信孩子的选择

与我交流过的大多数母亲都不太能"理解"孩子痴迷的某些活动，但同时她们也很清楚，自己感兴趣或理解与否实际上无关紧要。与其说她们支持孩子参加那些活动，不如说是鼓励孩子去做能让他们眼中闪耀光芒的事。

孩子热衷的未必是你早已为他们选好的东西，甚至于可能你都无法理解他们的爱好。但这实际上是件很了不起的事（尽管你的感受或许并非如此），它代表孩子们正在通过最有意义的方式探索自己的兴趣点，而非仅仅是遵循父母的脚步或单纯为了取悦家长。

放任孩子们随心所欲地去做自己喜爱的事并不是说真的要满足他们的童年幻想，例如成为一名宇航员、一位亿万富翁或是美国总统（虽然这些也绝非天方夜谭）。

真正的益处在于，就算孩子的兴趣爱好未必成就他／她未来的职业道路，他们也能体会到那种深入探索某个领域的乐趣，发现这种乐趣所提供的一切，并与其他志同道合之人携手共进。孩子们会意识到，只要做自己喜欢的事，就一定会有所回报；而如果他们持续不断地去探索，还会找到改进、丰富、拓展、再造或提升这些事情的方法——这便是做任何事的成功之道了。

实际上，孩子具体的兴趣爱好是什么并不重要，重要的是他们对某件事所抱有的热情本身，而父母最应该做的就是培养这股热情，如此一来，孩子们便会投入大量的时间——这是真正有所成就必需的前提条件。

迈克尔·查森：玩耍到底

格伦达·查森（Glenda Chasen）有两个儿子，迈克尔和乔尔（Joel），他们一个是企业家，一个是牙医。迈克尔毕业于美国大学，随后在乔治敦大学取得工商管理学硕士学位。1997年，他创办了在线教育技术公司——毕博，后来以15亿美元的价格将其出售；紧接着，迈克尔成为科技公司"社交雷达"（SocialRadar）的创始人之一，致力于开发一款基于地理位置的社交软件。

同格伦达交流时，她告诉我，迈克尔成长于20世纪80年代，彼时计算机刚刚开始流行，大多数人尚未意识到它将改变这个社会，但迈克尔对计算机产生了浓厚的兴趣。四年级时，迈克尔就想整日摆弄计算机和玩电子游戏，而作为母亲的格伦达则支持他培养这些兴趣。

格伦达坦言，在这条路上她也曾感到些许孤独，因为其他母亲都鼓励孩子参与那些"更值得去动脑子"（格伦达的原话）的学术活动，朋友甚至告诫她说迈克尔完全是在浪费时间。但她扛住了来自其他母亲的压力，继续支持儿子玩电子游戏。格伦达承认，儿子喜欢打游戏，而且他痴迷于计算机，所以她不但允许孩子在游戏上花大量的时间，并且还会鼓励他，告诉他在这方面他表现得非常优秀。对于孩子的兴趣，她欣然接受，她帮助自己的孩子走向了成功。

格伦达做了父母最应该做的事：想要孩子在未来收获成功，就要培养他们的兴趣爱好。运动、美术、棋牌、音乐、戏剧、健身、电子游戏、志愿者……任何领域都可以，只要他们抱有浓厚的兴趣。

朱浩伟："外行人"踏足好莱坞

朱浩伟是一位知名编剧兼导演，曾执导《舞出我人生2：街舞狂潮》（*Step Up 2：The Streets*）、《舞出我人生3D版》（*Step Up 3D*）、《贾斯汀·比伯：永不言败》（*Justin Bieber：Never Say Never*），与布鲁斯·威利斯（Bruce Willis）和钱宁·塔图姆（Channing Tatum）合作拍摄《特种部队：全面反击》（*G.I.*

Joe : Retaliation），与丹尼尔·拉德克利夫（Daniel Radcliffe）、杰西·艾森伯格（Jesse Eisenberg）和马克·鲁法洛（Mark Ruffalo）合作拍摄《惊天魔盗团 2》（*Now You See Me 2*）。与浩伟交谈时，他向我讲述了自己的童年，当父母明白了他的兴趣爱好对他来说意味着什么时，他们给予了无私的支持：

> 我成长于 80 年代的硅谷，那时候周围的人都在忙着建东西，工程师是大伙儿眼中的英雄式人物。
>
> 我母亲是中国台湾人，父亲是中国大陆人，他们 20 岁左右来到美国，当时母亲计划去圣马特奥学院（College of San Mateo）念书，一位朋友介绍他们认识。后来，他们在帕洛阿尔托（Palo Alto）开了一家小餐馆，名叫"朱大厨的餐馆"（Chef Chu's）。餐馆一开就是 45 年，现在已经成为社区的重要组成部分。
>
> 我是家里五个孩子当中的老幺，年纪最大的只比我大 6 岁，所以我们关系非常亲密。二哥霍华德（Howard）患有自闭症，家里人渐渐地也就顺其自然了。如果我们全家一起去听演奏会，只要霍华德不想听，我们就离开。我们都学会了适应各种情况。如今大哥拉里（Larry）在餐馆帮忙，他毕业于加州大学洛杉矶分校，将来餐厅会由他来接手。大姐克丽丝（Chrissy）从事房地产行业，霍华德和家人住在一起，二姐詹妮弗（Jennifer）已经结婚，有两个孩子。
>
> 奶奶在餐馆用算盘帮忙记账，因为年幼时在中国裹脚的缘故，她的脚现在已经不中用了。父母经常对我们讲，看着奶奶，你就会意识到我们家仅用了一代人的时间就已经走了这么远。他们常说："只要你努力工作，就一定有所回报。"
>
> 父母从来不让我们去餐馆帮忙，他们会说："我们在成长过程中没有得到太多机会，所以希望你去尝试些我们没有做过的事情。"
>
> 母亲将我们的生活安排得非常紧凑，我上过许多乐器课——鼓、萨克斯管、吉他、钢琴和小提琴。我还专门学习了踢踏舞和网球。
>
> 每周末我们都会去旧金山看表演：音乐剧、芭蕾舞、交响乐和戏剧。

母亲把我们视作皇室成员一般：我们几个会专门去上礼仪和交谊舞课，学习狐步舞和华尔兹。她很清楚要把我们培养成什么样的人——肯尼迪家族！

我们兄弟姐妹几个参加了学校所有的戏剧演出。父母恐怕是全世界最支持我们的人了。无论我们热衷于什么，他们都接受，并且给予支持。彼时，我觉得我们非常优秀，因为母亲一直是这么对我们说的。

但现在回过头去看，我们表现得其实非常糟糕，但那会儿我完全不知道。

在接触了几乎所有艺术形式之后，浩伟终于发现了自己的真正归属：

从记事起，我就非常喜欢拍摄视频。二年级时，父母给我买了一台摄像机，要我在全家度假时给家里人拍摄视频。我得弄明白它要怎么使用。我非常喜欢那台摄像机，我会在家用录像系统（VHS）做剪辑。

三年级的时候我创办了一家插图公司。四年级时，我在"尖端印象"（Sharper Image）的商品目录上看到一台混音器的广告，价值200美元。有了它，我就可以将音乐从立体音响中分离出来，然后用在自己的视频录像里。我必须要拥有它！

我给还在餐馆的父亲打电话，恳求他给我买下那台混音器，父亲同意了。等我把混音器拿到手之后，又重新剪辑了那段度假视频，加入了音乐，然后播放给家里人看。父母看着看着就哭了。那一刻，我便知晓，这就是我要投入一生的事业。

我不是最优秀的音乐人，虽然我会演奏许多乐器。我也不擅长画画，即便我喜欢绘制插图。我更不是什么一流的演员，就算我出演过相当多的校内戏剧。拍摄视频将我所有的兴趣爱好串联在一起，那是我第一次意识到，这便是我将为之奋斗终生的事业。

但即便可以做到像浩伟的父母那样给予孩子支持，家长有时候也很难第一时间预见孩子所热衷的活动的真正价值。父母很容易会忧心孩子所谓的喜欢是否会演变成一种不健康的迷恋，继而限制而非拓展他们的选择：

> 高一的时候，我曾说服很多位老师允许我用提交视频的方式取代写论文。有一天，时间很晚了，我本该睡觉了，母亲走进我的房间发现我正在剪视频。
>
> 母亲告诉我说我该停止了。
>
> 我开始哭："我喜欢做这个，您不能让我停下来！"
>
> 第二天，在接我放学时，母亲给了我一摞有关电影制作的书，并对我说："如果你想做这行，就要好好学，掌握关于它的一切知识。"
>
> 从那以后，父母就开始支持我的爱好。事实上，我们全家人都非常支持我。

对许多家长来说，支持孩子的兴趣爱好最重要的一点就是给他们机会去寻找自己真正热衷的东西；而往往最困难的部分在于你要去接受它，即便那不是你会选择的事情。高中时浩伟开了一家视频公司，彼时父母就已经在背后支持他了：

> 我会拍摄婚礼和受戒礼。餐馆的客人都知道朱大厨的小儿子喜欢拍电影，他们会带来二手电脑让我练手。他们也不在意那些电脑，索性就送给我了，因为他们人都很好，他们知道我非常需要那些电脑。这也从侧面说明了父母对我的支持，有那么多餐馆的客人愿意把他们有轻微使用痕迹的电脑送给我。

马尔科姆·格拉德威尔（Malcolm Gladwell）在《异类》（*Outliers*）一书中提出，想要真正精通某件事，你需要花费 1 万小时。朱浩伟在高中时代拍电影的经历便是这"1 万小时"法则的一个活生生例子：

> 等到就读美国南加州大学电影与电视学院那会儿，我的能力已经超过同龄人许多了。

我大四那年拍摄了一部电影，70个人没日没夜地工作了10天。我没钱支付伙食费，但实际上这在拍摄过程中应该要负责的。所以我母亲、姐姐和姐夫从洛杉矶开车过来，给我们70个人做了10天的饭。

那只是一部很短的电影，却改变了我的人生。在翠贝卡电影节（Tribeca Film Festival）首次上映后，它为我带来了一名经纪人和一位经理。

我邀请全家人去看首映礼。父母问我要拿什么招待大家，显然我完全没想到这些。所以家人搬来成箱的食物和香槟，直接带去了电影院，招待到场的每一位观众。

家人对我一如既往的支持就是这般。直到今天，无论我告诉父母什么事，第二天全餐馆的客人都会知晓。他们会在墙上贴满我电影的海报。大伙儿都知道，只要带一张朱浩伟的电影票来，就可以免费在吧台喝上一杯。

随后，浩伟向我讲述了关于他父母的事，许多创业者都向我讲述过类似的故事，而他们的描述几乎别无二致：

我从来没有担心过工作，也从未因恐惧做出决定，因为我知道有他们在背后支持我。这种自我确信意味着我无所畏惧，所以我才能真正创作出自己想要的东西。

父母一直在为我们奉献，他们的人生旅程令人赞叹不已。他们刚来美国的时候一句英语也不会讲，但他们认为只要努力工作就可以实现理想，他们也的确做到了。正是由于他们的支持和牺牲，我才能够毫无背景地踏足好莱坞。

我也采访了浩伟的母亲露丝（Ruth），她是参与感最强的几位母亲之一。露丝倾尽一切鼓励浩伟追求自己热衷的东西，即便拍电影并非原本为他设想的未来职业：

我一直觉得自己头顶是有一道天线的，我知道发生了什么。

对于浩伟想要做的事，我一直予以支持。他是个充满想象力的孩子，他4岁的时候我就发现了这一点，他热爱幻想，爱讲奇幻故事，开心地唱《阿拉丁》和《狮子王》里的歌曲。

上学、参加运动、听音乐，他真的非常忙碌。无论他喜欢什么，我都可以接受，除了有一次他放了些带脏话的CD，那是我的底线。

他总是"不走寻常路"，我也从未要求他停止那样做。11岁的时候，他提出想参演帕洛阿尔托小剧场（Palo Alto Little Theatre）出品的《太平洋序曲》（Pacific Overtures）。剧院方说："你得发给我们一份简历。"他问我那是什么，我告诉他那是一张纸，用来介绍你是谁。然后，他就拿过一张纸，把自己学生照贴了上去，然后开始画《歌剧魅影》，因为他说他长大了之后就想成为那个人。试镜时，每个看到他简历的人都不由莞尔，但他还是成功了。我去看了他们11场演出。

和大多数父母一样，但尤其因为他们是移民，浩伟的父母希望孩子能比他们过得更好，却从未想过他的未来会与电影有关。其他父母可能会告诉孩子把摄像机收起来，好好写作业。但当浩伟的父母意识到，电影是他的兴趣之所在，他们完全支持他，给他买装备，后来又给他的团队和工作人员做饭，这些对他无疑都是很大的帮助；然而，从这些举动中，浩伟得到的信息才是更重要的，即父母一直相信着他。

杰森·拉塞尔：限制与自由之间的平衡

实际上，对于一些母亲来说，提供支持的最好方式就是告诉孩子："我相信你知道自己正在做什么，我也相信只要你认真去做，就会取得成功。"在我采访众多成功人士及其母亲的过程中，我反复听到他们讲，给予孩子自由和信赖同直接支持他们的兴趣爱好一样重要。另一位南加州大学毕业的电影人杰森·拉塞尔（Jason Russell）就是一个很好的例子。

杰森是保罗·拉塞尔（Paul Russell）和谢里尔·拉塞尔（Sheryl Russell）四个孩子中的老二，在圣地亚哥出生长大。他是家族里唯一一位创业者。他的哥哥和其中一个妹妹帮忙运营父母创办的基督教青年剧场（Christian Youth Theatre），目前遍及 40 个城市。另外一个妹妹则是好莱坞的发型师。

2003 年，杰森和鲍比·贝利（Bobby Bailey）、拉伦·普尔（Laren Poole）一起去了趟非洲，后来他们共同创建了"被遗忘的孩子"（Invisible Children）——一个非营利性游说组织，旨在阻止约瑟夫·科尼（Joseph Kony）及其领导的圣主抵抗军（LRA）在乌干达绑架儿童并强迫他们成为士兵。为达成这一目的，该组织拍摄了 500 条视频和 12 部纪录片，均由杰森执导，包括《科尼 2012》（Kony 2012），目的是向美国政府施压，加大捕捉科尼的力度。在两周时间里，《科尼 2012》的在线观看量达到 8300 万，成为有史以来走红最快的视频，而"被遗忘的孩子"最终成为全球最大型的青年运动，在脸书上获得了 340 万个"赞"，仅次于奥运会。

杰森告诉我，他一直想执导电影，但起初他更喜欢导演戏剧：

> 我想可能因为我是家里的第二个孩子，所以不用承担那么多压力。我的成长环境非常轻松，因为父母创办了一家儿童剧院，我所有的朋友都是在剧院里认识的。
>
> 我们的整个人生仿佛都在排练。我们基本就住在剧场里，直到今天，大多数我最要好的朋友都是在剧场里遇到的。我 7 岁的时候在剧场里遇见了未来的妻子，那时候她 6 岁，我们是舞伴。
>
> 等到了八年级，我意识到自己想当一名电影导演，并立志报读南加州大学电影与电视学院。所以，15 岁时，父亲让我协助导演节目，积累经验。后来，我成功被南加州大学录取，主攻电影制作。朱浩伟是我大一的室友，所有电影课我们都是一起上的。

我采访过的所有母亲都有一个共同点，即相信自己的孩子会做正确的事。但她们在孩子到底应该遵守哪些规矩这个问题上答案各异。正如杰森告诉我的，某些方面，他的父母要比其他家长更为严厉，但在另一些事情上又会给他相当的自由：

在我的成长过程中，父母一直是非常传统的人，我们家里连电视都没有，等有了电视之后，我们也只能在周末的时候看，其他时间他们会把电视锁在柜子里。这一举动促使我们充分发挥想象力，创造属于自己的游戏，我想这一点非常重要。

父母一直很信任我。他们给我立的规矩是午夜之前必须回家，但如果时间晚了，我得提前打电话告诉他们。我也是这么做的。通常，我晚上12点回家，但偶尔我会打电话给他们说："我今天可能要凌晨3点才回家。"他们也同意了。

13岁的时候，我答应他们在21岁之前不喝酒、不发生性关系，于是我得到了一枚誓约戒指。因为我想要遵守承诺，所以那些事我一件也没做过。

他们也相信我能够遵守承诺，从不担心我在派对上喝酒。

父母经常会同我分享他们的价值观，我不需要取得多么好的成绩或者将来要赚多少钱。他们不断教导我说："去追寻你的梦想，找到你真正热衷的东西。我们只希望你能够在自己所选择的人生道路上倾尽全力，幸福地生活。"

父母给了我非常大的自由。如果我想去玩滑板或者爬树，他们会帮忙。受伤后为了缝合伤口我大概前后去了医院12次。我16岁时拿到驾照，一周之后我说想开车去洛杉矶，他们同意了。没过多久，我又说想和朋友自驾去墨西哥，他们也没有反对。再后来，我提出想要和一位朋友开车去纽约待一段时间，顺便看望我叔叔，他们依旧点了头。他们相信我，正如我也相信着他们。

我们会以一种充满关切的、健康的方式探讨一切事情。对父母我无须隐瞒任何事，他们也从来不会评判我。

杰森告诉我说，父母对他的自由放任还包括允许他前往非洲，这也正是他创办非营利性组织的契机：

2000年，我和一位朋友去了趟非洲，我非常享受那段旅程。母亲一直很支持我的决定，即便我告诉她说我要前往一片战争区域，她对我说："你应该去，要学会自己飞翔，去遵循你内心真正的想法。"

毕业之后，我从eBay上买了一台照相机，然后询问朋友们有没有人想一起再去一次非洲，鲍比·贝利和拉伦·普尔同意了。在乌干达，我们遇到了雅各，像雅各这样的男孩子一直生活在恐惧之中，因为约瑟夫·科尼会绑架他们充作圣主抵抗军的少年兵。

我承诺雅各会竭尽所能阻止战争，而我也是这么做的。科尼正在逃亡当中，在他被捕之前我们不会停下脚步。

我还采访了杰森的父母谢里尔和保罗。谢里尔告诉我：

我有四个孩子，他们性格各不相同。我们时常教导他们："每个人都能通过自己的方式来改变这个世界。"

杰森从小就对处境悲惨的人们怀有同理心。我们在墨西哥看到街边卖口香糖的孩子，他会想要把自己所有的零用钱都给他们。

四年级时，杰森因为出演一部戏剧赚到了钱，他用这笔钱买了一台照相机，然后开始摄影，后来也一直在做这行。

每个孩子都分别接受了两年的家庭教育，大约在他们七年级或八年级左右。因为那个阶段他们的身体和情绪都会开始发生变化，我们不想他们因为来自同龄人的压力而冒不必要的风险。之后，他们去公立学校继续念高中。借着在家接受教育的机会，杰森花了很多额外的时间在表演上。

毫无疑问，出于对孩子的健康和安全考虑，谢里尔愿意付出一切，但也正是如此，为了支持杰森的热情，她同意他前往非洲，这一举动尤其令人感动：

他念南加州大学电影与电视学院那会儿，和一个朋友去了趟非洲，他知道他还想再回到那片土地。所以，在毕业典礼上，他说："我想拍摄一部南苏丹战争题材的纪录片。"即便那是一片战争区域，我认为只要他想去，就应该去。

但我提醒他去之前必须要做好准备工作，去见些不同的人，至少在本地要有联络人。我找人给了他一个在乌干达本地学校工作的非洲女人的名字。之后，他的朋友就启程了，她带他们去乌干达北部，他就是在那里遇见了雅各——他创建"被遗忘的孩子"的契机。

在采访成功人士的母亲们的过程中，我发现，这些年轻人完全不惧怕失败的一个理由是，他们不会因勇于尝试而受到惩罚。谢里尔对我说的话证实了这一点：

六年级时，杰森给他阿姨的按摩浴缸里放满了肥皂泡。她简直快疯了。但我告诉她说："未来有一天，当你回忆起这件事的时候，你会将他视为一位充满创意的电影导演，而非一个淘气鬼。"

我们经常说："如果你有一个想法，那么就尝试去实践它。"我们遵循的一条原则就是，尽可能地多说"没问题"。无论他们的梦想是什么，无论他们想要取得怎样的成就或想要去尝试什么东西，只要不会伤害到自己，我们都会支持。

从四年级开始，父母就对他的兴趣爱好给予了支持，杰森继而得以将拍摄电影与自己的愿望——让这个世界变得更美好——结合起来，他的努力对促使美国军方参与抓捕约瑟夫·科尼起到了重要贡献。

鼓励探索

那些在某一领域有突出成就的人，通常都是极富热情的，但并非每个成功人士从小就明确地知道自己要做什么，许多人在成长过程中不断变换着自己的爱好。

这种仿佛永无止境的好奇心正是创造出属于自己道路的人们的一个共同特

征。因此，鼓励探索，包容可能会出现的错误开端和中途的偏航，与支持孩子已经找到的真正使命同等重要。

乔尔·霍兰德（Joel Holland）：驶向梦想的一辆红色小马车

我于 2008 年认识了乔尔，他在我心里一直是个特殊的孩子。他和我儿子一般大，但乔尔开始"创业"的时间要早得多。当艾略特打算邀请 18 位卓有成就的年轻人一道去犹他州共度滑雪周末时，他毫无预兆地致电乔尔，他便是第一个响应者。乔尔人非常好。2012 年，他以 1000 万美元的价格出售了自己的视频素材销售公司 VideoBlocks 一半的股权。小他两岁的妹妹也是一位创业者，经营着自己的时装公司。

我认识许多热衷于销售本身（而非具体贩售内容）的创业者，乔尔就是其中之一。还在蹒跚学步时，他就开始经营起自己的小本生意了。

"我 3 岁时开始卖碎石子，"乔尔告诉我说，"那会儿我会挨家挨户地从他们的私人车道上捡碎石子，然后敲门卖给他们。人们开始叫我'石头人'。那简直太疯狂了，不过家人都非常支持我，他们从来不会说我做的事情很蠢。我喜欢卖东西。父亲那会儿可能经常站在我身后，给我的'客户'每人 1 美元。"

乔尔的父亲肯特（Kent）是一名律师，母亲朱迪（Judi）是一位承包商。乔尔 5 岁时，全家人从华盛顿特区郊外搬到弗吉尼亚州南部。接下来的 7 年间，他们每年都会建一栋新房子，搬进去，然后卖掉它再建一栋。

乔尔从小就养成了很强的工作责任感，他和他妹妹负责新房子的打扫工作。

"我们绝不能偷懒，"他说道，"地板一定要打扫得非常干净，干净得可以在上面吃东西。我因此懂得了努力工作的价值。"

随后，乔尔向我讲述了自挨家挨户兜售碎石子后的其他各种尝试：

> 我下一个计划是卖出家里收集的各种小玩意儿。父亲带我去本地的社区店铺，说服店主让我坐在门口卖货。
>
> 8 岁那会儿，我们家旁边是一片高尔夫球场，那些用过的高尔夫球每天会落在什么地方我统统都知晓。我会把它们都收集起来，擦拭干净，然

后放到鸡蛋盒里，拿去高尔夫球手们的停车场，尝试卖给他们。

但后来我发现这种模式有很大的限制，我希望即使我本人不在场的时候也能进行销售。所以，我就找出我的红色小马车，然后制作了两块标示牌，一块写着"乔尔的高尔夫球"，另一块则是"荣誉制：3 只球 2 美元"，旁边摆了一罐空的品客薯片桶用来收钱。后来，有人把薯片桶偷走了，我开始懂得要保护好自己的财产。我弄了一个带锁的邮箱，把标示牌贴在了上头。

我把马车放到 9 号球座后的某个地方，然后每晚去收钱，通常每天有 20 美元的进账。在专卖店，一套 3 只装的全新高尔夫球售价是 10 美元，但我这里的"二手款"只要 2 美元。大伙儿满意极了，但专卖店就不太高兴了，所以他们拿走了我的马车。父亲非常生气，他带我去店里，要求他们将马车归还给我。后来，我有了一条长长的锁链，把我的马车拴在一棵树上。

我还清楚地记得自己第一次听到"创业者"这个词语。那会儿我在 10 号球座附近，听到几个家伙在闲聊。

一个人说："那孩子无疑是个创业者。"我原本以为那是句骂人的话，所以我立刻跑回家告诉了母亲，母亲向我解释了它的含义。那时我 11 岁，我简直爱死了"创业者"这个说法！

因为父母一直鼓励乔尔竭尽全力追求自己喜爱的东西，所以当生活中出现新鲜事物时，他能够随时做好准备抓住它们。很快，他便将自己的几项爱好整合起来，创办了一家公司：

1997 年，12 岁的我得到了自己的第一台电脑，它完全超乎了我的想象。突然间，我可以向全世界的人销售我的高尔夫球了，并且没有人会知道我的年纪！

我找到了 eBay 平台，彼时我非常痴迷风火轮小汽车（Hot Wheels）。我开始四下询问，发现竟然没有哪个系统可以跟踪它们的情况。于是，我找到一个设计库存管理软件的人，支付 1000 美元，让他重新编辑了软件，以供用户管理自己的爱好和收藏。13岁不到，我已经成为eBay的超级卖家，每个月的软件销售额就可以达到数千美元。

没有人知道我的年龄，我意识到在互联网上保持匿名的重要性。我有2000多条好评交易。父母对我做的事也非常支持，他们会开车带我去邮局取支票，然后去银行兑款。对于我在做的事情，他们从未质疑过。

尽管接下来的尝试有偶然的成分在，但那次经历同时也成就了如今的他：

八年级的时候，我们全家人去夏威夷度假。我给自己买了台摄像机，因为我觉得夏威夷之旅会非常惬意，值得同旁人分享。

我拍了些录像，父母对我一贯支持，包括拍摄视频这件事——虽然内容一定很滑稽就是了。

我找人制作了一张夏威夷式宴会音乐的CD，并支付了歌曲的版权费。我带回几个装满沙子的垃圾袋，然后剪辑了一个夏威夷休闲视频，包含沙滩和日落的场景，并配以宴会的背景音乐。

我在eBay平台上捆绑销售视频和小袋的沙子。但令人意想不到的是，我反而开始迷恋起视频制作，这最终成为我的事业。除此之外，我还意识到，人们真的什么东西都会买。

随后，乔尔向我讲述了一则故事，这则故事告诉我们，人一旦精通某件事，就很容易发现"缺漏"，这也算是创业的一个基底吧。高中时，乔尔对科技、视频和销售都非常感兴趣，但当他向辅导员咨询未来应该从事新闻工作还是商业工作时，得到的建议却不尽如人意。于是，他联系了非营利性教育机构儿童在线（Kidz Online），提出希望能够获得资金支持，以对各个领域的顶尖人士进行录像采访。

在接下来的两年时间里，乔尔采访了全国各地150多位首席执行官和重要人物，包括2003年采访阿诺德·施瓦辛格（Arnold Schwarzenegger），彼时后者刚刚宣布将参选加州州长。乔尔觉得那些采访内容都很有意思，但观感却有些令人乏味。于是，他问自己，探索频道是如何制作出那些博人眼球的视频的？他意识到，单单有一个受访者头部的特写是不够的：

> 我决定要找一些好莱坞的标志和其他有趣的视觉素材，但那些东西的成本太高了。不过那一刻，我忽然意识到，如果我需要这些视频素材，那么想必其他人也同样有需求。我用自己攒的钱买了一台高质量的摄像机，然后开始拍摄以华盛顿特区为主题的视频。
>
> 我把它们放在 eBay 上贩售，人们陆续开始购买。我整个高中都在做这件事。

乔尔意识到需要不断完善自己的工作，这并非那次拍摄夏威夷休闲视频的直接结果，但也算是一次契机。因为父母鼓励他追逐自己的兴趣爱好，即便那些活动暂时还无法看到清晰的回报，他们为他创造了机会去探索和发现，然后开启自己的事业。

一些父母并不想跟随孩子的脚步，认为那不过是一种纵容，或者放任孩子乱跑。但正如我采访过的许多成功人士那般，乔尔同样向我讲述了如何在父母殷切的期盼和自由追寻自己的兴趣爱好之间寻求平衡：

> 诚然，父母也给我立过规矩，比如他们会教我如何打字，却不允许我看着键盘打字。我只能在周末的时候看电视，不可以玩电子游戏。
>
> 父母还教导我金钱的价值。我每周有 2 美元的零花钱，我想要一台远程遥控汽车，但它的售价是 20 美元，父母告诉我说要自己攒钱去买。在学校，大家都有旱冰鞋，可父母却不同意给我买，他们说："如果你想要，就自己存钱买。"那会儿我非常生气，但我也真正理解了金钱的价值。
>
> 父母并没有替我支付大学的学费。我念巴布森学院（Babson）的学费一部分是学生贷款，一部分是我自己公司的盈利。而也正因为是自己付学费，我从来没逃过课。我算了一下，我的每堂课价值 500 美元；每当我打算逃课的时候，我就会想，一个小时无论我做什么都赚不到 500 美元。

在学业选择上，乔尔的父母也给予了他无私的支持，尽管那些选择并不符合他们原本对孩子的期望：

在大学择校问题上，我知道我唯一想要念的就是巴布森学院，因为那里有为创业者设计的最优秀的课程。收到录取通知之后，我又决定推迟一年入学，因为我想要自行创业。父母再一次支持了我的选择，即便这个决定有很大风险。我从来不是个墨守成规的孩子，对于我想要的东西，他们从未有过异议，但我也很清楚，看到我被第一志愿录取，他们内心还是很激动的，因为我可以去念大学了。而当我提出要延迟一年入学时，他们对我说："无论你想要做什么，我们都支持你，这一点现在也不会变。"这相当于给了我很大的自由。

我是如何度过这一年的呢？ 2003 年高中毕业后，我休学一年，创立了 Footage 视频公司（Footage Firm）。我到一座城市，拍摄影片，然后回家剪辑视频，上传到 eBay，赚些钱，然后买去往下一个城市的车票，再重复这一切。我整整去了 30 个城市。

一年后，我去巴布森学院进修，以便了解更多有关商业的知识。因为我有自己的公司，所以课程的内容对我来说没那么抽象——例如会计、市场营销和财务相关的知识，我可以直接应用到公司的运营当中。每天上完课，我回到房间继续做我的生意，填写订单、卖视频素材。

2007 年，乔尔 22 岁，美国小企业管理署（Small Business Administra-tion）评选他为年度青年创业者，以表彰 Footage 视频所取得的成就。同年，乔尔入围《商业周刊》（*Business Weekly*）"25 岁以下成功创业者 25 人"（25 Under 25）名单。同一年，乔尔利用大三暑假的时间在一家投资银行工作。假期结束后，他得到了一份年薪六位数的职位邀请，等一年后他从巴布森学院毕业便可正式入职：

我必须决定是接受这个职位邀请，还是和父母一起回老家继续发展自己的事业。

这一次，父母依旧表达了支持的态度："你觉得自己应该怎么做，就去做好了。"

一些朋友觉得我竟然在考虑放弃那个职位邀请，简直蠢透了。在他们看来，"十个创业者里面只有一个人会成功"！

我预想了最坏的结果，然后告诉自己说，既然我能拿到一次职位邀请，就能拿到第二次。

同我儿子艾略特的一次交往经历帮助他做出了决定。

2008年4月那会儿，我还在纠结要如何决定，几个月之后我就要毕业了，突然艾略特·比斯诺打电话邀请我参加第一届巅峰系列之旅。我真的非常感激父母对我的支持，所以当听到艾略特说他计划召集这样一群有成就的年轻人时，我不认为他会成功。但因为我很欣赏他的热情，所以我同意参加。事实上，他后来的确成功了。所以，我去了犹他州。我们一共18个人，年龄都不超过30岁，那是我第一次同与我年纪相仿的其他成功人士相处那么长时间。

之后，便是"开弓没有回头箭"。这趟旅程再一次坚定了我的想法，在巅峰系列论坛上同其他年轻的成功人士的会面极大地激励了我，我决定花一年的时间尝试开启一项价值百万美元的事业。我拒绝了投资银行的邀请。

我同学都觉得我疯了。但我下定决心一定要证明是他们错了，所以我疯狂地投身到工作当中。

事实上，乔尔做出了最正确的选择。2013年，《公司》（*Inc.*）杂志提名他入围"30岁以下成功创业者30人"（30 Under 30）名单，以表彰他打造的极具开创性的、类似于奈飞订阅模式的视频素材销售产业。

如今，乔尔依旧运营着自己的公司（现已更名为 VideoBlocks），用户超9万人。他正努力进一步提升自己产业的价值，而父母的支持也一如既往。

佩奇·麦考斯基：心形、彩虹和缝纫机

佩奇·麦考斯基是流行复古风服饰品牌 Aviator Nation 的创始人（稍后我们会介绍他的哥哥，TOMS 的创始人布莱克·麦考斯基）。在采访佩奇的母亲帕姆（Pam）时，她告诉我说，在得克萨斯州长大的佩奇一直非常有创造力，对所有的艺术形式都很热衷。

"每次我带她去玩具店，"帕姆道，"她都会买美术用品。从小她就喜欢画心形和彩虹的图案，她的一些设计服饰上的条纹就是由此而来，特别是儿童产品线。"

2006 年，佩奇正值二十五六岁的年纪，生日时祖父母和外祖父母分别给了她 100 美元，佩奇告诉妈妈，她要用这 200 美元买一台二手缝纫机，实现她创办一家服装公司的梦想。在帕姆看来，彼时佩奇连缝纫都不会，但她离开了加州的出租屋，带着缝纫机回到得州老家，她说："我要在家待几个月，缝制衣服。"

佩奇几乎没日没夜地缝制了 3 个月。"她每天工作很长时间，"帕姆回忆道，"她开始自己设计款式、剪裁、在 T 恤上缝东西。她一共缝制了 50 件衣服。"

有多少父母会因为二十几岁的女儿搬回老家自学缝纫而感到激动不已呢？但帕姆不遗余力地帮助佩奇追求她的梦想。

待佩奇缝制了足够多的衣服之后，帕姆便开车载她重新回到洛杉矶，并帮助她找到一处落脚地。当佩奇把自己缝制的 50 件衣服拿去弗雷德·西格尔（Fred Segal）——一家专为追求时尚的客户服务的高端店铺时，店铺买手把它们全收了。

3 年后，佩奇在洛杉矶威尼斯区的一条时髦街道——阿伯特金妮（Abbot Kinney）街开了第一家店。如今，她已经有了 5 家店面，贩售其冲浪风格的服饰，她正计划再新开几家店。她的服装系列同时也在布鲁明戴尔百货公司（Bloomingdale's）出售，此外，她还为 Gap 品牌设计了一个专属系列。2013 年，《智族 GQ》杂志将其提名为年度最佳新潮男装设计师。

凯文·普兰克：更好的方法

安德玛服饰品牌创始人凯文·普兰克在马里兰州肯辛顿市长大，那里地处华盛顿特区郊外，环境更像个小镇。凯文是家里五个男孩当中最小的，最大的

孩子比他大 13 岁。母亲杰恩（Jayne）有自己的工作，她是第一位入选肯辛顿市议会的女性，随后又成为该市的首位女市长。在为肯辛顿市服务了 15 年之后，杰恩在里根政府时期入职国务院，彼时凯文只有 11 岁。

杰恩告诉我说，她的家庭生活往往可以用"一片混乱"来形容，但她尽可能会花时间定期和每个孩子相处。她非常信赖自己的五个孩子，放任他们去做自己喜欢的事情，无论他们做出何种选择，她都表示支持。

"他们的兴趣爱好各不相同，"杰恩道，"他们都找到了自己热衷的事情。"

因为是家里最小的孩子，凯文经常和母亲一起出差，参与工作相关的会议，帮她准备就职演说。他知道母亲非常感激他的帮助。鉴于杰恩在凯文出生之际就已经非常忙碌了，等到他长大一些时，相较于几个哥哥，杰恩给予了他更多的自由。

"我们并不会安排孩子们的时间，"杰恩道，"他们可以去朋友家，或者去街对面的公园玩。我会给他们一些 25 美分的硬币，这样一来天黑之后他们就可以把篮球场上的照明灯打开，继续打球。他们还会骑车去市中心理发。"

所有的男孩子都喜欢运动：

> 男孩子们参与各种运动，努力做到更好，再有一位教练照看着，这是最完美的。但因为我的孩子们喜好各不相同，所以我经常会让他们自行决定未来的目标。其中一个孩子中途辍学了一段时间，我觉得这没什么大不了的。我同意等他找到自己真正想要做的事情之后再上大学。

凯文读大学那会儿，他父亲去世了。五年中，凯文还失去了三位（外）祖父母。那段时间对家里的每个人来说都很难熬，但生性乐观的杰恩为自己找到了座右铭："直面逆境，然后克服它。"

杰恩给了五个孩子自由，去选择他们自己想做的事，并且全力支持其决定。她告诉我，凯文一直很清楚自己要过怎样的生活，她觉得这一点非常厉害。如今，最大的儿子比尔（Bill）是一名建筑工人，同时还经营着武术学校；斯图尔特（Stuart）是一名开发人员兼任高中橄榄球教练；斯科特（Scott）是一名房地产开发商；科林（Colin）是一名电影制片人兼作家；而最小的孩子凯文，则经营着全球最大的运动服饰公司之一。

凯文非常喜欢打橄榄球。在马里兰大学念书时他开始打球，起初他并没有拿到橄榄球奖学金，但经过自身的努力，他不但获得了奖学金，还成为特攻组的队长。

"你知道 8 月份的华盛顿特区是什么样子吗？"杰恩道，"那可不是出点儿汗那么简单，简直让人汗流浃背！"

夏季，凯文每天要练两场球，他受够汗水打湿自己棉质 T 恤的黏腻感了。高中时，他创办了一家小型 T 恤公司——他和他的朋友会在后院里扎染 T 恤，然后拿到橄榄球赛和音乐节上贩售。因此，他决定去找一种能够让皮肤顺畅呼吸的面料，他开车走访了市面上所有找得到的面料制造商，从巴尔的摩找到纽约。

他一直在工作，杰恩告诉我，从小他就立志要开创属于自己的道路。"想要不断取得成功，教育对他来说反而是一种不便。"

安德玛的起步是在凯文自家的地下室，如今，它已经成为一家价值数十亿美元的公司，不仅是全美最大型的运动服饰品牌之一，并且还改变了运动员的穿着。

杰恩告诉我，因为给予了孩子们信赖，"他们依靠自己的力量克服了重重困难，所有人都取得了成功。为孩子们的成功感到骄傲是最棒的回报。我非常幸运"。

亚历克西斯·琼斯："如果你想要，就去争取"

亚历克西斯·琼斯是妇女运动的思想领袖、新人类研究专家以及"我就是那个女孩"（I AM THAT GIRL）创始人。"我就是那个女孩"是一个赋权年轻女性的在线社区，拥有 150 个地方分会和超过 25 万名成员。亚历克西斯曾亲自与超过 10 万名年轻人交谈，并通过网络接触了 500 多万人。在采访过程中，她告诉我是母亲克劳迪娅·曼（Claudia Mann）让她学会了如何面对失败：

我很小的时候就被教导犯错没关系。每次我把事情搞砸了，母亲就会说：

"棒极了，你从中学到了什么？真实的人生并非对错分明，固守在自己的舒适区里不出来很容易，避免失败也很容易。"

母亲教导我说，如果你可以从错误中吸取经验教训，你便会踏上一条截然不同的道路。

母亲唯一的原则就是"你不可以对我说谎"。她告诉我说："不要低估我的能力，有什么事直接和我讲。"所以举止叛逆那一套其实是没有必要的，她相信我可以做出正确的决定。她告诉我："这是你的自由，只要你能遵守承诺——拿出一份好成绩，获得奖学金。"母亲经常说："我相信你。"这对我来说意义重大，我不想辜负她的信赖。我的女性朋友们都对父母说谎，但我不需要。

孩子们会满足你的期待。即便我只有12岁，母亲会对我说："我们来谈谈，告诉我你想要什么。"我觉得这种相处方式简直棒极了，我有权利表达自己的想法，我可以参与其中。

在我看来，女孩子的情况还不太一样，我们需要了解很多无形的东西，例如如何直截了当地交流，甚至还包括非常细节的内容，比如握手和直视他人的眼睛。

我有四个兄弟，母亲经常会站在我这一边，为我争取更多的独立空间。我父母离异，父亲的保护欲相对更强一些。19岁那年夏天，我独自去欧洲旅行。母亲说："我觉得她是时候开启一场冒险了。"而父亲的反应则是："你知道自己在做什么吗？"

正如许多其他初露锋芒的年轻人那般，亚历克西斯在真正找到属于自己的事业之前也培养过许多兴趣爱好：

我13岁开始做模特。母亲说："我们可以试试这行，只要你觉得有趣。"母亲从来不过分在意我的长相。她经常说："美貌又不能当饭吃。"如果有人说："她长得可真可爱。"母亲则会回答："是的，但同时她也非常聪明。"

有一次，我登上了某个杂志的封面，我拿给母亲看，她说："真棒。

你的微积分学完了吗？"她一直有自己的坚持。她教导我们，善良才是来自别人最高的评价。如果有人表扬我，她的反应经常是："谢谢，但我的孩子们都是好人，这才是最重要的。"

整个高中阶段，体育运动对我来说非常重要，我既打排球也踢足球。后来模特公司终于开始劝我放弃那些运动，专注于模特事业。他们说我看起来太强壮了。

我问母亲该怎么做，她对我说："你想怎么做都可以，选择权在你。"于是，我选择了体育运动。对此，她表示："非常好。"

我很擅长运动，但不能说精通。而模特则是一种尝试，谈不上热衷。

我告诉模特公司的主管："比起美丽的外表，我更想要聪明的大脑，我要去念大学。"对方则回答："你完全是在浪费你的美貌。滚出我的办公室。"

夏季的时候我会担任野营顾问，我非常喜欢站在篝火边讲故事——在那里，我感觉自己整个人仿佛都闪着光，而在其他地方我从未有过类似的感受。母亲希望我能够去体验各种各样的事情，而一旦我开始试着去讲故事，然后写作，我便知晓，其他的一切可以结束了，因为这就是我的所爱。继而，我开始涉足表演和公共演说，后者也是我如今正在做的事情。每一个兴趣爱好都自然而然地引导出下一个。

对于克劳迪娅来说，支持女儿的自由和选择并非意味着放任其变得懒散或缺乏专注。正如我采访过的其他所有卓有成就的年轻人那般，亚历克西斯学会了如何努力工作：

我从小就有很强的工作责任感。我曾在娱乐行业待过一段时间，每次试镜某个角色，我都会告诉片方："你可以找到比我漂亮、比我苗条、比我有经验的，但找不到比我更努力的。我会第一个出现在片场，最后一个回家。"

我拿到了每一个试镜的角色。母亲教导我说："在你开启的每一场比赛中，要确保无人能够竞争得过你。"我听从了她的建议。得益于我的坚持，再加上比任何人都要努力，我非常幸运地取得了一系列成功。

我的梦想是念大学，但我们付不起学费。母亲会说："永远不要拿没钱当借口远离自己的梦想。如果你想要，就去争取。"她教导我："因为没钱而放弃追求自己的梦想，这样的借口简直糟糕至极。"每次我提出"我没有什么东西"时，母亲便会回答："那就想办法去得到它。"

无论女儿选择怎样的道路，亚历克西斯的母亲都给予了支持，从体育运动、模特、讲故事到表演，最终是公共演说。她允许亚历克西斯选择自己的道路，自己做决定，对她报以信心，支持女儿想要做的一切，并教导她，经济上的限制不应成为追求梦想道路上的障碍。

适时地"袖手旁观"

通过亚历克西斯·琼斯的故事我们可以看出，父母的教育观念对孩子的工作态度有着非常重要的影响。许多家长意识到自己有义务教导孩子做正确的事，为此，他们挖空心思，甚至有的时候还会引发焦虑。但在采访这些成功人士及其母亲的过程中，我发现往往给孩子留下最深刻印象的父母并非一直耳提面命，告诫他们找到一份有意义的工作的重要性，或者为配合孩子的兴趣爱好来安排自己的生活。大多数情形下，家长可以采取一种更巧妙的方式了解孩子想要做的事情，并给他们自由的空间，这样反而事半功倍。

格雷格·甘恩：追求不同的兴趣爱好

我认识温德尔·甘恩（Wendell Gunn）几十年了，30 年前我们一起在政府部门工作。我同他的妻子琳达（Linda）聊起他们的孩子格雷格（Greg）——罗氏奖学金获得者、全美最成功的非裔美国技术创业者之一。格雷格创立了教育软件公司"无线一代"（Wireless Generation），并以 4.5 亿美元的价格将之出售。格雷格 4 岁开始阅读，他的母亲琳达告诉我们，他还喜欢数学和计算机：

格雷格 8 岁的时候，苹果公司发售了第一台电脑，格雷格坚持要我们买一台。从那时起，他就开始自学计算机编程。

听上去这没什么大不了，但琳达和温德尔买下那台电脑不仅给了格雷格一个发掘自身兴趣爱好的途径，同时也向他表达出，只要他想进一步提升自己的技能，他们就会提供必要的工具，拼乐高和打电子游戏也是同样的道理，即便其他家长认为这些活动根本就是在浪费时间。

琳达告诉我说：

格雷格一直是个领导者，其他两个孩子则不然，他仿佛天生就如此。一起玩游戏的时候，所有邻居的孩子都听他的指挥。我并没有刻意培养格雷格成为一名创业者，我们家从来都是孩子占主导地位，家长不过是跟随者，我们支持他们想要做的一切。

格雷格是家里的老大，5 岁之前他一直是独生子。那会儿周围没有多少孩子，所以他经常和大人们待在一起。他有极强的内在驱动力，就像是某种天赋。他弟弟现在和他一起工作，妹妹也在追寻自己的诗歌梦想。

在琳达看来，无论做什么事，格雷格都表现出极大的勇气和决心：

高中时，格雷格想要实现自身的全面发展，于是他开始跑步。此前他对运动一直没什么兴趣，即便当不了超级明星，但他总是想把每件事做到最好。

除了计算机，格雷格还非常热衷于教育。高中时，他参加了一个辅导项目，帮助数学不好的孩子。从芝加哥大学物理系毕业后，他花了一年时间在一所公立职业学校任教。

作为罗氏奖学金获得者去牛津大学后，他又在麻省理工学院攻读了工商管理学硕士和计算机科学硕士学位，并开始思考如何将自己的两个爱好——教育和计算机结合起来。

格雷格同一位在牛津认识的朋友一同创立了"无线一代"，一家为300万儿童提供评估和教学产品的教育软件公司。将公司出售后，格雷格被提名为"城市之光"（City Light）入驻企业家，"城市之光"是一家投资具备高成长性美国企业的风险投资公司。

琳达和温德尔完全没有想过自己的儿子会成为一名企业家，但通过支持他的兴趣爱好（无论它们将引领他走向哪里），格雷格的父母给予了他极大的自由去追求自己的梦想，最终达到超乎想象的高度。

罗伯特·斯蒂芬斯：修理先生

20年前，罗伯特·斯蒂芬斯在明尼阿波利斯市（Minneapolis）创立了"极客小分队"。那时，罗伯特24岁，骑着一辆自行车，穿着一件白衬衫，打着一条老土的黑色夹式领带，兜里揣着200美元的创业资金。他将"极客小分队"打造成全球知名品牌，拥有两万名员工；10年后，他将公司同百思买集团（Best Buy）合并，又当了两年的首席技术官，随后便辞去职务开启了下一场冒险。

罗伯特的父母出生于大萧条时期，他本人在芝加哥郊外长大，是家里七个孩子中最小的。母亲15岁结婚（她告诉他爸爸自己有16岁），婚后马上就开始生育下一代。家里最大的孩子比罗伯特大5岁，但只有他读了大学。他的兄弟姐妹们中有人做了瓦工，有人是机修工，还有人当了货车司机。父亲在海军服役了20年。罗伯特告诉我，他和他的六个兄弟姐妹从来没有向家里要过任何东西，显然他们都没有被宠坏。

我觉得很有意思的是，大多数和我交流过的成功人士都提及了自己的出生顺序，在他们看来，不管是最年长的、最年轻的，还是处于中间的某个位置，都有助于培养他们的独立性。无论在家中排行第几，无论有多少兄弟姐妹，他们都认为自己的处境是最完美的。作为家里最小的孩子，罗伯特自觉在他出生时家里的条件还算比较宽松，所以相较于其他孩子，他获得了更多的自由。他认为父母完全不是那种望子成龙式的父母，他可以造一艘木筏顺流而下，然后准时回家吃晚饭，不会有人问任何问题。

与我采访过的其他创业者不同的是，罗伯特从小就喜欢修理东西：

我 3 岁的时候把家里的门把手全都拆下来了。父母回家后，我把那些门把手整齐地摆在桌子上：一只门把手、一根螺钉、一只门把手、一根螺钉。父母并没有生气，只是让我把门把手全都装回去。

这成了我们"家族传说"的一部分。我是那个会修理东西的人。"罗伯特什么都会修"——这就是我。对此，我感到非常骄傲与自豪。我喜欢把东西拆开来，搞清楚它们是如何运作的。

我还拆了一台收音机。我真的什么都会修。

12 岁的时候，我在家附近找了份修电视机的工作。那时候，很多人对技术抱有一种恐惧心理，但我没有。

父母给我买了一套化学玩具和许多乐高积木。我经常一个人待着，玩一些创意游戏，搭造火箭或者按我自己的喜好摆弄沙盒。

现在回过头看，我觉得父母在给予我支持这件事上考虑得非常周到。我认为这就是问题的关键——发现并允许我真实的个性显现，给我足够的空间去成长。我有很大的自由，但同时也有界限。无论我做什么事，父母都表示赞同："没问题，我会开车载你去计算机俱乐部。"

我打字非常快，所以高中那会儿我替人打字赚钱，每份论文 20 美元，带参考文献的 25 美元。后来，我开始提供代写论文服务，45 美元一次，一周我能赚 250 美元。我还建立了一个数据库，跟踪论文的成绩，为了将成绩从 B 提升到 A，我还会反复重写。我坚持了 3 年。父亲会说："这种做法不太道德。"但我认为："我并没有作弊，作弊的是他们。"

接下来，我开始给像是美容店和五金店一类的企业打通讯录，给他们发送卡片，他们没有现成的数据库。17 岁时，我找了份送床垫的活计，我在自己的康懋达（Commodore）电脑上搭建了一个数据库和追踪程序，因为那会儿还没有计算机系统。这就是我做事的方法——找到一份廉价的工作，然后开始尝试更有效地组织它。再后来，我开始修电脑。

罗伯特·斯蒂芬斯很好地诠释了一个人是如何将童年的兴趣爱好转变为一次成功的创业的：那个喜欢修东西的男孩最终创立了一家专业的维修公司。

对于他的兴趣爱好，父母一直给予支持，并相信他能够做出正确的选择，而罗伯特本人在这一过程中也学会了相信自己的能力。当他准备好之后，这位"修理先生"实现了自己的创业梦想。

我的家庭

本章提及的所有成功人士在成长过程中，其兴趣爱好都得到了父母的支持。这听上去可能很简单，但实践起来却不像你想得那般容易，也完全谈不上是普遍现象。无论从大的方面还是细节入手，支持孩子的兴趣爱好意味着允许孩子主导自己的人生。这对家长来说谈何容易！比起孩子，我们显然更了解这个世界，知道它是如何运转的，对吧？除此之外，我们想要避免孩子们犯错或受到伤害。所以我们给他们提供建议，想要为他们的人生之旅提供帮助：帮助他们考上合适的大学，找到一份可以养活自己的工作。但我们的这些帮助实际上是建立在自身成长过程中对于世界的理解之上的，如果这些建议妨碍了孩子们在其所热衷的事情上投入时间，那结果可能就会适得其反。

有鉴于此，为了给予孩子支持，在某种程度上反而需要袖手旁观。在本章的末尾，我将同大家分享在写作这本书时所了解到的东西，关于我的两个儿子是如何成长为如今的模样的，以下内容都是我的亲身经历。

高中和大学时期，我的两个儿子都有各自的课余爱好。虽然那时候我并没有意识到，无论艾略特参加网球比赛还是奥斯汀开始创作音乐，实际上都有一定的偶然性。等到开始采访那些成功人士的母亲时，我才发现：他们两个感兴趣的领域都是我丈夫和我不熟悉的。

如果他们对政治、媒体、法律或经济感兴趣——至少这是我和我丈夫从事的领域，我们就能够参与其中，尝试提供建议和帮助，但对网球和音乐我们真的一无所知。所以，艾略特决定不依靠我们，自行安排训练、找教练、挑选球拍和要参加的比赛。而奥斯汀亦然，他要自行判断该学习什么乐器，自己找钢琴、吉他、鼓和声乐老师，自己选择要使用的音乐软件、麦克风和混音器，自己决定专辑里要收录哪些歌，以及要合作的制片人是谁。

但这也是件好事。他们学会了自己去掌控，去做决定，并找到解决问题的方法。作为父母，我们并非有意为之，但回过头看，我很庆幸当时能够这样做。如今，我已经意识到（彼时则不然），每个孩子都应去寻找自己的兴趣爱好，而父母则要培养、支持并鼓励他们的热情；除此之外，家长还须尽可能地抽身到一旁，不要去插手，这样孩子才能学到真正属于自己的东西。

原则二

培养孩子的竞争意识

我更想将这条原则称为"鼓励孩子参加体育运动"。对于所有我采访过的成功人士来说，体育运动都在他们的人生中占有一席之地。参加体育运动对于培养坚毅的品格至关重要，因为运动教会孩子竞争，同时也意味着他们要学着去面对失败，如何重新振作起来——这些都可以转化为未来社会竞争中的经验。无论参加何种体育运动，不管是类似篮球一样的团体运动，还是像是网球一类的个人运动，重要的是，孩子必须发自内心地喜欢这项运动。

　　如果你的孩子讨厌运动，也没有关系。有很多其他活动同样能够教导孩子如何去竞争，努力取得成功，以及输赢的意义。但前提是确保这些活动是孩子自己的选择（而非你的）。针对某项活动的优缺点，你可以为孩子提供建议，但一定要是你女儿自身的热情驱使她去行动，一定要是你儿子自主选择全身心投入。我朋友的儿子是一名非常认真的棋手，她告诉我，她儿子下过最长的一场棋足足有 4 小时，最终含恨败北，但他从中获益良多，并且发誓他再也不会输给那个人。所以说，类似的经验教训并非仅能从体育运动中汲取。任何对兴趣爱好的追求，只要包含竞争——无论是下棋、角色试镜、向展览评审团提交水彩画抑或参加拼字比赛，都相当于定期给年轻人的测试。

　　关键在于学会如何去竞争，努力取得成功，学会如何获取胜利以及如何面对失败。关于贫困学生如何通过下棋改变命运的故事林林总总，不一而足。马里兰大学巴尔的摩分校校长弗里曼·赫拉博斯基（Freeman Hrabowski）之所以声名在外，就是因为他将一所由非裔美国人占大多数的通勤学校打造为全国顶尖的国际象棋强校。

　　同样，来自一所贫穷的纽约市中学 IS318 的学生在全美国际象棋锦标赛中击败了所有顶尖私立学校对手，想必大家对这已耳熟能详。正如他们的教练伊丽莎白·斯皮格尔（Elizabeth Spiegel）在保罗·图赫（Paul Tough）所著的《品格的力量》（*How Children Succeed*）一书中所言，当年轻人懂得为自己的错误负责并从中吸取教训，而非自怨自艾时，他们就成长了。

"每当输掉了一场比赛，他们很清楚，除了自己，怪不得旁人……你需要找到一种方法，将自身与所犯的错误和失败剥离开来。我尝试去教导我的学生们，失败只是你的一种行为，并不能代表你个人。"

史蒂夫·乔布斯在 2005 年斯坦福大学毕业典礼上的著名演讲也谈及了从失败中吸取经验教训。他平生最大的失败，即刚到 30 岁便被苹果公司——他自己创立的公司开除。但在经历了这次失败后，他重新校准自己，再次回到苹果，将其打造为全球最具变革力的公司之一。

《品格的力量》一书还引用了纽约著名私立学校河谷乡村学校（New York Riverdale Country School）校长多米尼克·伦道夫（Dominic Randolph）的话，他提到了许多家长在避免孩子失败时所犯的错误。他说："失败，或者至少是存在失败的风险，往往是通往成功的关键一步。"他担心，"那些大多家境富裕的学生……被他们的家庭、学校甚至于文化所误导，未能得到足够多真正克服逆境的机会，以培养自身的品格。唯有通过失败才能够懂得毅力和自控的重要性……而在美国学术水平最高的环境当中，根本没有人会失败。"

尽管孩子可以通过许多渠道了解竞争，但本章我将聚焦体育运动。我采访的许多人高中时都曾参加过竞技类体育运动，并且当中很大一部分人在上大学之后仍选择继续。而他们的母亲和我一样，并未刻意想要孩子通过参与体育运动习得未来参与社会竞争的相关技能——但回过头看，我们都意识到，或许这些孩子能够成为各行各业的佼佼者，正是因为参加竞技体育帮助他们了解到未来如何参与竞争。

更重要的是，参加体育运动并不在于要成为一名明星运动员，你也无须表现得多优秀或者多有天赋，关键在于学习如何去竞争，如何去面对挫折。我记得同一位和善的母亲交谈，她女儿非常喜欢运动，喜欢成为团队中的一分子，但孩子自己却没什么运动天赋，对此她表示非常担忧。比如去年夏天，她参加了一个棒球夏令营，可大多数时间都待在板凳席。

而就在那个夏天最后一场县级冠军争夺赛中，她女儿在第九局两队打平时走向本垒，场面上满垒两出局，她的母亲屏住了呼吸，眼见女儿挥动起球棒——

打中了！她为球队赢下了比赛。

第二年夏天，她还想继续参加夏令营，但她的母亲不想让她失望。"我告诉她，'不要再去了，那一刻不会再上演'。"她担心自己的女儿再无法满足那充满戏剧性的一击所带来的期望："我告诉她，应该见好就收。为什么非要再参加一次夏令营，然后反倒表现得更糟糕呢？"

这位母亲非常爱她的女儿，想保护她不受伤害，但我不确定这一举动所传递的信息到底是什么。不去追寻你的梦想？不试一试吗？失败是坏事？不尝试更好吗？再次参加夏令营固然有一定风险，但同时也意味着能获得更多成长和磨炼的机会。

毅力是成长内驱力

孩子参加竞技类体育运动的另一个好处是懂得付出就会有所回报的道理。这两者之间的关系实际上揭示出心理学家所说的"毅力"的重要性。

宾夕法尼亚大学心理学教授安吉拉·李·达克沃斯（Angela Lee Duckworth）致力于研究成功的秘诀。她推广了"毅力"的概念，将其定义为"对长远目标的热情加上坚持"，换句话说，就是努力实现梦想。她研究了西点军校学员、全国拼字比赛冠军、有效教师（effective teachers）、商业领袖、课业糟糕的在校生和常青藤大学本科生，在所有这些人身上，她发现，毅力是成功的最佳预测指标，比智商、天赋、家庭收入、社交能力、外貌或健康都更重要。在她看来，毅力就相当于将生活视为一场马拉松，而非短跑，关键在于耐力和持久力：你要持之以恒地坚持自己的目标，而非仅仅是坚持一周或一个月。

克里斯·维克：无人可挡

我采访的其中一位成功人士对安吉拉·达克沃斯有关毅力的研究结果尤其感兴趣。1988 年，在曼哈顿街头的小型表演受到关注后，克里斯·维克（Chris

Wink）与朋友玛特·高曼（Matt Goldman）和菲尔·斯坦顿（Phil Stanton）共同创立了蓝人乐团（Blue Man Group）。

自此之后，乐团在世界各地进行巡回演出，观众如潮；如今，它已发展成为一家全球性娱乐公司，其戏剧作品正在拉斯维加斯、奥兰多、波士顿、芝加哥、纽约和柏林上演。2011年，蓝人乐团获得外百老汇联盟观众评选（Off Broadway Alliance Audience Choice Award）最佳长篇舞台剧奖。克里斯同时也是蓝人学校（Blue School）的创始人之一。

克里斯热衷于创新和创造。他邀请安吉拉·李·达克沃斯到学校探讨有关毅力的话题。他在接受采访时对我说："在蓝人学校，毅力是我们非常感兴趣的一个教学课题。这也映衬了我们自身的行动：为了打造一场成功的舞台剧，我们竭尽全力地工作。但问题是，毅力是可以培养的吗？或者说，是不是有人天生就拥有毅力呢？不管怎么说，有一件事是确定的：对于不感兴趣的东西，想要坚持做下去根本是天方夜谭。有人会说我很懒，那是因为我不喜欢做那些事；可一旦开始创作舞台剧，没人可以阻挡我的脚步。并不是说我的每一个想法都很好，我就是停不下来。"

有毅力的孩子能够取得成功，而所有成功者都是有恒心之人。有毅力的人深知，只要他们努力去做一件事，就一定有所回报。对于许多在医学、法律和投资银行等领域取得非凡成就的人来说，这个道理是在学校中习得的。他们的努力得到了丰厚的回报，即攀升至更高的层级。以未来的医生为例，顶尖高中的学生会进入一流的大学，继而就读优秀的医学院、得到绝佳的实习机会，成为出类拔萃的住院实习医师，然后直接在最好的医院任职。

但许多其他领域的成功人士，尤其是那些没怎么上过学的人，第一次了解什么是毅力通常是在运动场上。或许是因为他们参加体育运动，也可能是当代年轻人的普遍特征，但他们似乎都格外关注分数。

他们想要知道自己到底是输是赢。每个人都想成功，而成功的标准是可以量化的，即便对那些并没有特别努力取得好成绩的人来说亦然。每个人都想获得胜利：有的人注重学业成绩，有的人看重比赛和演出结果，例如我们将在下一章介绍的词曲作家、想要赢得说唱比赛胜利（而非拼写比赛）的本尼·布兰科。

他们的共同特点是：但凡自己热衷的事情，他们都想要做到最好。

而在商业领域，"最好"的定义通常是用金钱来衡量的。金钱就好比一张记分卡：创业者看重它，因为它能衡量他们在商业上所取得的成功，并非它能够买到什么东西。那些受访的创业者坦言，金钱不是他们的目标，而是胜利、创造、完成、成功和建立的标志。而对于非营利性组织的创立者来说，金钱的重要性在于它能够帮助他人、改变社会——这才是真正的成就。

这种驱动力所带来的不仅仅是短暂的胜利和喜悦。我们一直避免孩子经历失败，以至于他们无法通过激烈的竞争培养自身品格。于是，在我们的国家里，人人都可以不费吹灰之力取得成功。

河谷学校校长多米尼克·伦道夫指出："在美国，一直有这样一种观念，只要你努力工作，展现出真正的毅力，你就可以成功……但奇怪的是，我们现在已经忘记了这一点。我担心的是，从未付出过艰辛努力的人经常得到别人的反馈，说他们做的每件事都很棒。事实上，从长远来看，他们是注定要失败的。"

如何培养孩子的毅力——教导他们对工作抱有责任感，并长期保持动力？在我看来，家长要鼓励孩子追求自己真正热爱的东西。

只要他们喜欢，就会去努力；而只要努力了，他们就会不断去尝试，哪怕失败也没关系，而最终，他们一定会取得成功。倘若在少年时代就懂得努力会有所回报的道理，那么，长大之后，即便踏上了不同的道路，他们也会继续努力，并且愿意同挫折做斗争。

关于孩子如何从失败当中学习，我还参考了斯坦福大学教授卡罗尔·德韦克（Carol Dweck）的研究。她选取了400名五年级学生作为试验对象，让他们参加了三次考试，其中一次考试题目格外难，没有人及格。但她发现，那些因努力学习而受到表扬的孩子很快恢复过来，等到下一次测验时，他们的成绩提高了30%；而那些因头脑聪明而受到表扬的孩子成绩则下降了20%。于是，她得出结论，当表扬孩子一些他们可以掌控的品质时——例如勤奋努力，他们会比那些仅仅因为聪明而被表扬的孩子学习更认真。换句话说，因智力而受到表扬的孩子可能会认为努力没有必要；而因努力而受到表扬——无论是来自父母、教练还是老师，孩子就会更加努力，并且懂得从失败中学习和成长。

西蒙·艾萨克：失望≠失败

西蒙·艾萨克（Simon Isaacs）将其工作描述为"正向的社会颠覆"。

西蒙同一群知名人士和有全球影响力者一起攀登乞力马扎罗山，以提高全世界对洁净水需求的意识。他致力于提升人们对马拉拉·优素福·扎伊（Malala Yousafzai）的关注度，这位来自巴基斯坦的年轻诺贝尔和平奖获得者曾因倡导女童应接受教育而遭到枪击。他领导了克林顿基金会在卢旺达的农业和安全用水项目，创办大型非营利性组织与活动策划公司GATHER，重点领域为营养和投票选举等，资金通常由盖茨基金会提供。

我们最先谈及体育运动对成功人士成长的影响。我问他小时候是否参加过类似的活动，他回答道："当然，我是奥运发展计划（Olympic Development Team）的一名全美滑雪运动员。"

自6岁起，西蒙就和同为艺术家的父母丽莎（Lisa）和亨利（Henry）以及两个妹妹一起住在佛蒙特州的森林里。他的母亲开了一家设计公司，夫妻二人盖了一栋房子，包含办公室和工坊。

西蒙开始玩越野滑雪，8岁起参加比赛。他的成绩非常出色，继而成为美国奥运发展计划的一员，有望在奥运会上取得成绩。"从10岁到15岁，我每周滑6天雪，北欧两项我都会练，也就是越野滑雪和跳台滑雪。夏季我在普莱西德湖（Lake Placid）的奥林匹克中心训练。15岁时，我决定专注于越野滑雪——它已经成为我生活的一部分。"

尽管滑雪给他带来了诸多快乐，但西蒙从小就经历了巨大的痛苦：

> 10岁时，母亲被诊断出癌症；我18岁的时候她去世了。父亲也病了。但他们都非常努力地工作，尽可能地支持我们。病痛时断时续，但只要有机会，他们就会陪在我们身边。但我们也有独处的时候。现在回想起来，我惊讶于当这一切发生时，父母竟然在我们的生活、学校和我的滑雪比赛中留下如此鲜明的印记。

这段时间，在叔叔的帮助和指导下，西蒙继续滑雪。高中的最后两年他一直在科罗拉多州；毕业后，他去了明德学院（Middlebury College），在那里参加比赛，还在意大利国家队训练了一个学期。他以全班第二名的成绩毕业。"我真的是个书呆子。"他和我说。

即便西蒙如此热衷于滑雪，但他还是决定要做些不一样的事情。他告诉我，在一项个人运动上投入的这些年教会了他三个道理，如今作为一名企业家，他同样从中获益：

第一，你要有一个持续的反馈循环——了解你的身体、你的健康状况、你的体型、你的技术、你的心率。你总要想办法提升自己。如今我还保持着这样的习惯，我总是会审视自己，分析自己，试着从上述角度来评估自己。我经常扪心自问："那场会开得如何？""我怎样才能做得更好？"

第二，当无法获取胜利时，又该如何面对失败？第二天你如何让自己重新站起来，回到起跑线上，从头开始？你不可能每次都赢，所以你必须把这段旅程看作一场漫长的赛跑。我失望过很多次，但我会把它视作一个巨大的反馈循环，我会问自己："我要如何重新站起来？"我明白这不是失败，而是一个学习的过程。

第三，在比赛前一定要尽可能地了解情况。在开始做一件事之前，我总是会想："其他人会在哪里放慢脚步？""我要把它拓展到什么程度？"在整个职业生涯当中，我经常试图提前弄清楚："我在哪里能够脱颖而出？"每一个优秀的创业者都会做市场调查，然后问自己："我的机会在哪里？"

除了运营GATHER，西蒙最近还成立了一家媒体公司和一个非营利性孵化器，为刚刚起步的非营利性组织提供空间、公共关系、媒体和运营方面的资助。此外，他还与人共同创立了Fatherly，专为爸爸们提供育儿资源。

"因为在比赛时，我的生活是多么激烈紧张，"他说，"对我来说，做所有这些事，让自己忙碌起来，并始终保持领先地位，这再正常不过。"

亚当和斯库特·布劳恩：从篮球场上学到的事

亚当·布劳恩（Adam Braun）创立了全国顶尖的非营利性组织之一，"希望铅笔"（Pencils of Promise），在全球建立了数百所学校。他的哥哥斯科特 [又称斯库特（Scooter）] 则是全美最优秀的经纪人之一，发掘了贾斯汀·比伯和爱莉安娜·格兰德（Ariana Grande），拥有一家唱片公司、一家出版公司、一家管理公司和一个科技孵化器。他们的妹妹莉莎（Liza）是一名医生。

我采访了他们的母亲苏珊（Susan）——一名牙齿矫正医师，想要了解她是如何培养出三位成功的孩子的。苏珊告诉我，她的三个孩子直到上大学还一直参与竞技类体育运动。小时候，父亲一共指导了他们三项运动，但显然篮球成了男孩子们的最爱。苏珊提到，通过参加体育运动，男孩子们结识了各行各业的朋友，而他们的教练则提供了另一个层次的成年人监督与指导。尽管他们成绩都很好，但苏珊相信，每个人的人生之中都该有比学习更重要的东西。

斯库特在埃默里大学（Emory）打篮球，而亚当则加入了布朗大学（Brown）的篮球队。苏珊坦言，在大学里参加竞技类体育运动令他们变得高效而自律，他们学会了如何管理自己的时间；除此之外，参与团队运动还要求他们不能辜负队友的期望，学习如何与他人相处。她还谈到，让其他人见证孩子们输掉比赛非常重要——不仅是他们的队友，还有其他观众——这有助于他们重新振作起来，学会面对自己的失败，继续向前，努力不重蹈覆辙。

"学会如何在公开场合优雅败北是很重要的事情，"她说道，"尽管对我来说，眼睁睁地看着他们败下阵来真的太难了。"

我开始思考像足球、篮球和曲棍球这类团队运动与网球、高尔夫和游泳这样的个人运动之间的区别。两者都会教你如何专注于一个目标，如何取得胜利和面对失败，如何奋斗、竞争，敦促你设定优先级，合理安排自己的时间。无论团体运动还是个人运动都会给予你宝贵的人生经验，但具体的经验内容却不尽相同。团队运动更多的是强调协作，团队的成功有赖于个体的贡献，以及如何与他人相处。个人运动则教会我们，对于胜利（或失败）而言，没有借口，也无旁人可指摘（或者需要归功于他人）。

我将上述发现告诉了一位朋友，他说："或许家长应该让孩子两者都尝试一下。"我答道："不，这不是重点。关键是你要尽可能地让孩子接触更多的东西，然后，无论他选择哪种运动，你只要全力支持就可以了。"再次强调，要确保这项体育运动——或者其他竞争类活动——是你孩子真正喜欢的。这是本书想要传达的最重要的信息之一。关于某项活动的利弊，你固然可以给孩子提供建议，但必须是你儿子自身的热情支撑他想要去竞争，必须是你女儿自发地选择促使她全力以赴。

陈艾伦：游戏面对面

2010 年，我第一次见到艾伦，当时他提出把自己位于纽约唐人街的六层无电梯公寓转租给我刚大学毕业的儿子奥斯汀。他是流行服饰公司 Arbitrage 的创始人兼首席执行官，他还送了奥斯汀几件非常时髦的衬衫。

艾伦年轻时曾是一位篮球运动员，他告诉我，从体育运动中他汲取了许多宝贵的经验，对日后的事业发展大有裨益：努力工作、有备无患以及在竞争态势发生变化时及时调整自己的节奏：

> 我在多伦多出生长大，我的父母是罗尼·梁（Ronnie Leung）和陈文州（Wing Chow Chan）。姐姐去斯坦福大学上学时为我规划好了一条路——我的目标就是去美国。虽然我一直成绩不错，但高中时我只关心篮球。虽然我也踢足球和打棒球，但篮球无疑是我的最爱。大三和大四的时候我一直担任篮球队队长，毕业时我还荣获了最佳运动员奖。
>
> 篮球对我的人生有着巨大的影响，促使我开创自己的事业。担任球队队长的经历培养了我的创业精神，我可以用激励队友的方式激励我的员工。我甚至认为是教练给予我的信任给了我创业的信心。
>
> 参与体育运动教会你什么叫有备无患。我要有一个"作战计划"，学会如何执行战术，为打入决赛做准备。因为有过类似的经历，所以如今在出席重要会议时我非常冷静，并且准备充分，我可以随时掌控会议的主动权，或者索性取消掉它。

成功地创办公司可以看作是我参加过的一系列成功会议积累的结果。如今，我在准备一场大型会议时的感受就好比曾经准备参加一场大型比赛一般。正因如此，我现在时刻准备着。作为一名创业者，你要参加很多会议，你有两分钟的时间让投资者、供应商或客户成为你最好的朋友。如果不能赢得他们的支持，你就无法获得成功。

我一直对服装和时尚感兴趣，我会收集运动鞋和篮球鞋。对于自己喜欢的产品，我非常着迷。我还喜欢经典的广告，我在卧室墙上贴满了广告。

我在康奈尔大学（Cornell university）念医学预科，大三时，我上了一门教授如何创业的课程，它改变了我的人生。

大四时我们都在想毕业之后要做什么，我所有的朋友们都需要置办新的衣服——职业装。那时候市面上的男装都是宽松板型的，样式也很无趣，我从中看到了机会：为年轻男士们打造更修身的系列服饰。

我在大四时孵化了这家公司，毕业后我搬到纽约，2006年，我和两个朋友共同创办了Arbitrage。

公司发展得不错，我们的服装在萨克斯百货（Saks）和诺德斯特龙百货（Nordstrom）均有销售。随后，经济开始衰退，许多零售品牌遭遇打击。所有百货公司都在亏损，于是它们开始砍掉相对较小的品牌。因为一直在为公司做网络营销，我马上意识到有必要在网络上投放更吸引人的广告。于是，我们决定做出改变。

我们并没有从外部筹集资金，而是选择白手起家，这意味着我们不欠任何人任何东西。于是，我们决定暂缓Arbitrage的运营，去寻求其他机会。两个生意伙伴都转了行，但是我们依旧是朋友。

艾伦继而创办了Bread，一家在网站、平板电脑和移动设备上发布整页广告的平台公司，客户包括Lady Gaga、美国说唱歌手50美分（50 Cent）和百事公司。2014年，公司被雅虎收购。他对我说："我喜欢自己做的事情，参加体育运动培养了我的自信，也让我养成了良好的习惯，这些都是我成功的原因。"

埃里克·瑞安：方法和胆魄

2001 年，埃里克·瑞安（Eric Ryan）和高中同学亚当·劳瑞（Adam Lowry）共同创立了 Method 公司，致力于打造"味道好闻、造型时髦"的环保型家居产品。

2006 年，《公司》杂志评选出全美增长最快的私人企业，Method 位列第七。

埃里克在底特律郊外的格罗斯波因特市（Grosse Pointe）长大，有两个弟弟，如今，他们其中一个经营广告公司，另一个则从事公司理财。埃里克告诉我他一直想成为一名企业家：

> 我来自一个创业家庭。我的曾祖父搬到底特律为亨利·福特（Henry Ford）工作，日薪 5 美元，后来他和我祖父共同创立了自己的机械冲压公司。父亲将公司一直运营至 80 年代，直到自己再无力参与竞争。

埃里克的决心和努力同样受到母亲家庭的影响，他的母亲帕姆告诉我：

> 我们是幸福的。我和我丈夫家都有积极的价值观。我有 5 个兄弟姐妹，父亲在我 16 岁时突发心脏病去世了，彼时我们家最小的孩子才 3 岁。
>
> 父母有很强的工作责任感——为了我们所有人，妈妈一直努力工作，而我们也如此回报她。每当感觉自己无能为力时，我就会想，等等，我妈妈有 6 个孩子，我还是咬牙继续做吧！她对家庭有一份热情，而这份热情也传递给了我。

埃里克告诉我，父母的故事让他产生了深切的共鸣：

> 我一直喜欢听企业家的故事，读他们写的书。其他孩子会用乐高积木搭建堡垒或太空村，而我则会建写字楼。
>
> 我爱琢磨商业点子。上小学时，我买了一台机器，制作印有搞笑语录的徽章出售。

我还卖过曲棍球网（也是我自己做的）和文具。我曾经想过推出英式松饼比萨。

高中和大学期间，我也一直打工赚钱，例如给中学书店看店，给杂货装袋，送过比萨，也铲过雪。

我一直在工作。虽然我成绩不好，但我很享受工作和琢磨商业点子的乐趣。我的大脑一刻不停地在琢磨。

正是体育运动培养了埃里克坚持不懈的精神，从而实现了这些想法。他在密歇根湖畔长大，所以他热衷于帆船运动：

我第一次航行是在四年级的夏令营，我一下子就爱上了这项运动。整个大学期间，我都在参加帆船比赛。为此，父亲会开车载着我的帆船沿着东海岸来回跑，从圣彼得斯堡（St. Petersburg）到纽波特（Newport）。他一直支持我的比赛，尽管他对帆船运动本身一无所知。

这是一项非常复杂的运动。我经常会和别人讲，如果有风，它的竞技性就会很强，像是橄榄球，但如果没有风，可能更像国际象棋。

帆船这项运动有很强的独立性，你必须做到条理分明、积极主动。

我成绩不好，但我喜欢帆船运动，在上头花了很多工夫。在大学择校问题上，我是根据帆船校队实力来决定的，我代表罗德岛大学（University of Rhode Island）参加比赛。直到几年前我还一直在参赛，不过有了三个孩子之后便停止了，我非常怀念那些比赛的日子。

那簇竞争的火焰推动了埃里克的事业发展。与我交谈过的大多数成功人士不同，他们原本就热衷于某个特定的领域，但埃里克一直在寻找，直到发现一片可以大展拳脚的天地。

他发现，清洁行业多年来没有发生过任何变化：产品散发着令人不快的气味，也不够环保。于是，他决定掀起一场革命：

我知道我要开一家公司，但首先，我选择在一家广告公司工作，学习有关文化变迁和市场营销的知识。

我花了很长时间去研究不同的类别，哪个细分领域适合我创业。进入在他人看来非常无聊的行业，并以一种截然不同的方式做出一番事业，这让我感到异常兴奋。

清洁品类吸引了我的眼球，并且我知道我能做得更好。我认为这是一个很好的机会，可以把你的生活同你自己的家联系起来。

如果告诉朋友我要开一家清洁公司，我猜他们一定会笑话我。但当我把想法告诉母亲时，她的反应是："我就从没见过你铺床！"但家人们还是很信任我，给了我1万美元启动资金。

我高中时就认识亚当——因为我们都是帆船手。1999年，我将计划和盘托出，他对我说"我有化学工程学位"并主动提出要帮忙，于是，我们成为商业伙伴。

这其实是一个典型的创业故事。我们提出了愿景——这看上去就好像理所当然一般，我们都不敢相信此前竟然没人想到要这么做。

我们将商业计划交给了20个聪明人，问他们有什么问题，没人提出异议。于是，我们开始挨家商店推销自己的产品，我们有20秒的时间在商店后面做宣传。

我们将产品卖给了20家本地商店，交付工作都是我们亲自做的。随后，我们开始接触独立的品牌直销店，然后是周边地区的商店。

在获得天使轮和A轮融资后（用埃里克的话来说，"比起产品，投资人更看好我们本人"），两位联合创始人在底特律周边地区的800家商铺推出其产品。彼时，埃里克坦言，他们真正想要的是打入全国连锁店：

我们见了塔吉特百货（Target）的一个人，他说我们的产品想要进入他的商店简直是天方夜谭。我们很清楚，想要赚钱必须先达到一定规模，而现在我们的每瓶产品都在赔钱。

得益于在帆船运动中培养的毅力，埃里克和亚当踏踏实实地走过了创业过程的每一步。他们知道，只要根据实际需要不懈努力下去，无论顺风还是逆风，他们终将见证成功。

2002 年，我们第一次遇到了转机，我们和塔吉特百货的市场营销部开了个会。那个拒绝了我们的采购员很生气。不管怎样，他们同意选取 80 家店铺做试点，但有最低销售额的要求。于是，我们开始自掏腰包增加销量，我们去店里下订单，然后再把商品运回去。为了完成销售目标，我们每个人都不遗余力。只要产品能在全国得到推广，我们就可以负担市场营销的成本。

那个不喜欢我们的采购员退休了。幸运的是，他的继任者喜欢我们的产品，允许我们销往全国各地。塔吉特百货现在是一个大客户。

2012 年，Method 收入超过 1 亿美元，2013 年，欧维洁（Ecover）将其收购，后来成为全球最大的绿色清洁企业。埃里克并没有停下脚步，他最近建造了一个新的 Method 工厂，鲜明地体现了公司的使命和价值观。

有关新工厂的一切元素——位于芝加哥南部、雇佣本地人、配备风力涡轮机和太阳能树以及全球最大的屋顶温室，为一片"食物荒漠"带来新鲜的农产品——都将可持续发展和社会福祉纳入设计考量。此外，埃里克还创办了 OLLY，一家生产维生素和营养补充剂的公司，就像 Method 在清洁用品领域所做的那样，OLLY 致力于让产品变得更有趣、更绿色、更容易被理解。

艾丽卡·保拉·古铁雷斯：主动出击

艾丽卡·保拉·古铁雷斯（Erika Paola Gutierrez）创立了公关公司 epgPR，在数十家杂志、报纸和电视上进行市场营销、品牌推广和媒体植入，拥有众多客户。

我问艾丽卡年轻时的动力是什么，和埃里克·瑞安一样，运动比学习让她更有劲头。她的故事同样告诉我们，参加何种类型的比赛并不重要，重要的是学会如何去竞争：

18年来，我的生活里只有芭蕾舞和杂技表演。我从10岁起就开始正式参加比赛。

起初，一切不费吹灰之力。三年级时，我走进一间杂技表演工作室，那儿的女孩们正在练后空翻。我说："我也能做到。"母亲问我："你确定吗？"于是，我走进了教室。到最后，我不用手辅助就可以做后空翻和侧翻。

我开始赢得比赛，然后我就真的全身心投入了进去。我每天训练好几个小时。芭蕾、杂技、爵士舞、现代舞——我整个高中都在忙这些。每个周末都有比赛，我非常努力，自然取得了优异的成绩，我乐此不疲。

父母非常自豪，我母亲爱迪莉亚（Edilia）至今还在谈论这些事。无论我想做什么，父母都非常支持。

父亲工作很忙，但他从不错过我的任何一场比赛或演出。父亲经常说："做你想做的事——做你认为自己擅长的事。"我因为学习的事被骂了很多次，但父母对我的舞蹈和杂技表演一直非常自豪。

我在三个孩子当中排行老二。因为父亲工作的关系，从小到大，我们家几乎满世界地跑：墨西哥、奥斯汀、加拿大、密歇根、迈阿密以及华盛顿。我哥哥卡洛斯（Carlos）是律师，妹妹卡丽娜（Karina）在我这儿兼职。他们无疑是家里最聪明的人，功课成绩全都是优秀。

我高中成绩一直不好，也没有集中精力去学习。父母总是对我的学业大发雷霆。母亲每天都会催促我做作业，但我就是不在乎。

但这其实打击了我的自信心，我开始觉得自己不够聪明。母亲对我说："这世上就没有聪明人，只有努力和不努力的人。"而父亲则说："努力总会有回报的。"

我念的不是知名大学，也没怎么学习，换了3次专业，花了5年时间才勉强毕业。父母非常重视教育，而我则不然。说来惭愧，那时候我真的不在乎。但我现在后悔了。

艾丽卡的父母不明白为什么她在舞蹈和杂技表演中培养出来的毅力就不能用在学习上。但最终，艾丽卡决定努力学习，就像她曾经投身于自己所热衷的事情那样：

大学毕业后，我搬到华盛顿，在劳工部找到了一份工作。周围尽是些受过教育的人，真的感觉压力很大。我决定改变自己的人生，并且我也意识到，我是唯一一个还有选择的人。

所以，我重拾了搞体育时的那套纪律标准，就当自己是在为比赛做训练。我拼命准备 GRE 考试，然后拿到了乔治城大学（Georgetown University）的录取通知书。

我取得了企业传播与公众关系硕士学位，毕业成绩几乎达到了 4.0，因为这次我的目标就是取得好成绩，加之学的东西都是我喜欢的，我第一次感觉自己也很聪明。

我一直擅长与人打交道，我想进入一个可以发挥自己优势的行业。我在一家大型公关公司工作了 6 个月。

我看到很多人自己创业，我还记得第一次走进那间训练室时的感受。我想，如果他们能做到，那我一定也可以。父母非常支持我，是他们给予了我创业的勇气。那是 4 年前的事了。我很幸运，截至目前我做得还不错。

看到父母为我感到如此骄傲，我才意识到，无论你有多聪明，或者成绩多好，其实无关紧要，重要的是你有多大的动力，以及你的执行力高低，这些才是成功的关键。无论在体育还是商业领域，这都是颠扑不破的真理。如果你有宏图壮志、有动力、有执行力，你就会成功。

你不能想当然地认为机会会自动出现，你必须主动去追求它们。你必须强迫自己比别人更努力，比曾经的你更努力。不要气馁，不要放弃。我练跳舞和杂技那些年就是这么过来的，多年后，在步入其他领域时我也是这么做的。

我的那些高中同学可能会认为我的生活一塌糊涂。我猜，他们现在应该会很惊讶。

我父亲卡洛斯没有念过大学。他7岁离开古巴，在墨西哥开卡车。

25年后，他成了首席执行官。他教导我，要一直为自己设定目标。一开始他说："我要成为这些卡车的管理者。"随后他又说："我要成为整个墨西哥集团的管理者。"他不断为自己设定新的目标。如今父亲则感慨道："你给自己设定了这么高的目标，我们为你感到骄傲。"

拉达和米基·阿格拉沃尔：传奇足球双胞胎

拉达（Radha）和米基·阿格拉沃尔（Miki Agrawal）这对同卵双胞胎是连续性创业者，她们共同创立了五个项目，其中最大型的是专注于健康饮食的儿童娱乐公司 Super Sprowtz，通过制作影片，以一种充满趣味的方式向孩子们展示蔬菜所具有的"超能力"（共计制作超过25部影片）。视频主角包括前任白宫主厨山姆·卡斯（Sam Kass）和米歇尔·奥巴马（Michelle Obama）。

拉达是 Super Sprowtz 的首席执行官，同时也是全球早间操运动"破晓者"（Daybreaker）与致力于帮扶发展中国家女性的内衣公司 Thinx（其座右铭是"改变世界，从改变你的内衣开始"）的联合创始人之一。米基则是纽约和拉斯维加斯"从农场直达餐桌"（farm-to-table）比萨店 Wild 的首席执行官，著有《做点带劲儿的事情：辞掉工作，自己创业，然后快乐地生活》（*Do Cool Sh*t : Quit Your Day Job, Start Your Own Business, and Live Happily Ever After*）。

拉达告诉我："我们喜欢组织一些能够改变世界的活动。我们深受母亲的影响，她用她的热情、决心和动力向我们展示了如何做出改变。"

姐姐尤里（Yuri）大她们一岁，毕业于哈佛大学，现在是一名外科医生。这对双胞胎的母亲米尔·木村（Mire Kimura）来自日本，父亲拉杰·阿格拉沃尔（Raj Agrawal）是一名来自印度的航空工程师。

我认识拉达好几年了，但我完全不知道她和她妹妹曾被称为传奇足球双胞胎。她们从高中开始踢球，在康奈尔大学的四年时间里一直奔跑在绿茵场上。拉达是前锋，米基是中外场。拉达向我讲述了她们是如何开始踢球的，以及足球对她们来说有多重要：

尤里5岁时开始学踢球。有一天我们去看她的比赛，米基和我都很兴奋，我们也想踢球。于是，我们直接跑到了球场上，教练不得不暂停比赛。

父母见到我们那么喜欢踢球，便为我们组织了一个足球队。他们不仅开车送我们去训练，还会亲自组织练习，指导我们的球队。整整8年间，爸爸就是我们的教练，妈妈则是助教，直到我们开始在更高级别的球队踢球，继而到各地去参赛。

我们每天都会练习3小时足球，直到现在依旧如此。你必须学会自律，要有条理，懂得专注，学会与团队协作以及如何当一名队长。这不仅仅是你在大学从事体育运动应该做的事情，上大学之前你就该明白这些。

但拉达告诉我，其实是母亲的个人经历教会了她和米基什么是毅力，体育运动对她们的影响都是后来的事：

我们在蒙特利尔出生长大。母亲告诉我们，所有孩子每周7天都要上学。所以，10年来，我们每周六去日语学校，周日则去印地语学校。我们可以说4种语言。直到读大学我们才来到美国。

母亲的故事一直激励着我，她天生具有冒险精神，努力去追求自己的梦想。她离开日本，去渥太华读了一年研究生，在那里认识了我父亲。父亲来自新德里，到美国攻读博士学位。毕业后，他们原本都要回到各自的国家。

母亲来自一个富裕家庭，而父亲则是商人之子。到加拿大的时候，他身上只有5美元，从"救世军"商店买了一件冬季穿的大衣，和母亲第一次约会的钱还是从银行借的贷款。

尽管她的父母坚决反对他们的婚姻——我母亲的妈妈甚至没有出席婚礼，但她还是毅然选择了爱情。她自己开车去婚礼现场，路上车胎爆胎了，她穿着婚纱换了轮胎。她就这样嫁给了父亲。

听了她的故事，我深受鼓舞——爱超越了一切。母亲一直热衷于冒险，如果她看到一个洞，就会想办法补上它。是她教导了我，但凡想做什么事，就自己动手，不能等着别人来替你做。

布莱克和佩奇·麦考斯基：相濡以沫，共克时艰

我们在探讨尊重孩子的爱好与热情（原则一）时提到了 Aviator Nation 的创始人佩奇·麦考斯基。如果你第一次看到佩奇的姓氏时觉得熟悉，可能是因为听说过她的哥哥布莱克·麦考斯基（Blake Mycoskie），TOMS 创始人。这家鞋业公司在顾客每买一双鞋时会免费送给有需要的孩子一双鞋。他们的弟弟泰勒和布莱克一起工作。我们此前已经介绍过他们的母亲帕姆，当佩奇 20 多岁放弃一切搬回老家学习缝纫时，她给予女儿无条件的支持。他们的父亲迈克（Mike）是得克萨斯州阿灵顿市（Arlington）的一名整形外科医生。

帕姆告诉我，三个孩子很小的时候就学会了竞争和努力工作。同许多其他我采访过的成功人士一样，布莱克和佩奇都非常热衷于体育运动：

> 孩子上学时，体育运动在他们的生活中扮演着非常重要的角色。布莱克打网球，我们全家人都会去看他的比赛。
>
> 佩奇什么运动都玩，但高中时她最喜欢的是排球，她所在的球队赢得了州冠军，我们全家总是陪着她到处去打比赛。
>
> 泰勒参加彩弹弹射比赛时，我们也一样会到场支持他。
>
> 这教会了他们彼此扶持的重要性。我们教导他们："现在，是我们在支持你的兄弟姐妹，很快就会轮到你了。"
>
> 我们住在得克萨斯州的一个网球社区，布莱克 7 岁时决定打网球。他开始每天骑自行车去俱乐部，后来我们给他找了几个好教练。
>
> 布莱克并不是最出类拔萃的那种孩子，但他一直非常有上进心，我从来不需要强迫他做什么事。高中最后一年，他获得了球队最努力球员奖，尽管他并非最佳球员。

如同其他许多后来在各行各业取得成功的运动员们，布莱克也将对体育运动的热情带进了商业领域。尽管拿到了南方卫理公会大学（SMU）的网球奖学金，但布莱克因为跟腱受伤不得不放弃网球，后来，他创办了校园干洗公司 EZ Laundry，从 SMU 开始一路扩展到得克萨斯州的其他学校。

帕姆告诉我，"布莱克一直在寻找接下来要做的事"：

> 他在纳什维尔（Nashville）成立了一家户外广告牌公司"麦考斯基传媒"（Mycoskie Media），后来卖给了"清晰频道通信公司"（Clear Channel）。他和佩奇一起参加了《极速前进》第二季的比赛，仅落后第一名 4 分钟。紧接着，他创办了纪实类有线电视网络"真实中心"（Reality Central）。

每次布莱克开启一项新的业务时，我和我丈夫的反应都有所不同。

> 迈克总说："也许你该再斟酌一下。"而我的反应一直是："哇，这太棒了！"

"我的角色一直都是啦啦队长。"帕姆向我讲述的故事，实际上和许多成功人士的母亲告诉我的大同小异。

> 不管孩子们选择做什么，我都鼓励他们。在我看来，彼时他们尚无法意识到家人的支持有多么重要——无论你想做什么都行。正因为你的孩子并非优秀毕业生代表，或者最佳球员，你的热情和支持对他们来说才更为重要。

除了家庭信念和成员之间的亲密关系，帕姆还提到了另一段影响孩子们生活方式的经历：

> 当时我正在做一个大项目，也就是写书，虽然过程很艰辛，但我没有放弃，孩子们见证了那一切。我发现自己胆固醇太高，因而不得不改变饮食结构。我想同大家分享如何降低胆固醇，所以就写了一本旨在减少脂肪的烹饪食谱《黄油克星》（Butter Busters）。
>
> 我对写书和出版这些事一无所知，孩子们和我一起在餐桌上给书打包。起初，我们借了 6 万美元自费发行。

其他母亲可能会选择隐藏自己的辛苦，不想让孩子们难过，但帕姆决定与他们分享这段经历。于是，孩子们了解到，每个人都有自己的问题要处理，但只要有恒心、有毅力，没有什么难关是过不去的。

最终，《黄油克星》卖了150万册。于是，布莱克也写了一本书《用一双鞋改变世界》（*Start Something That Matters*），每卖出去一本，他就会送给有需要的孩子一本新书。"他把我创作烹饪书的经历也写了进去。"帕姆告诉我，"当我读到他写的东西时，我才发现，亲眼见证我的挣扎对他来说其实有着积极的影响。他们会想，如果妈妈可以写书出版，并获得如此大的成功，那么我们同样也可以实现我们的梦想。"

学会积极面对失败

那些对社会做出开创性贡献的人们和其他领域的成功人士之间的一个关键区别在于对待失败的态度。法律、医学、银行、政府和零售行业从业人员不惜一切代价避免失败，但那些敢于创新的人们往往视失败为一种积极的体验，认为自身能够从失败中学习并获得成长，从长远来看，失败增加了他们成功的可能性。

运动员们会告诉你设定"宏伟蓝图"的重要性，即使当下他们还无法达成这一目标，但这会令其专注于最终的结果。任何一位靠自己努力开创事业的人都深知这一点。他们殚精竭虑，如果失败，他们就会改变方法，并更加努力。他们学会专注和自律，在每一次失败后继续尝试，他们永不放弃。

正如比利·简·金（Billie Jean King）所言："我不会称其为失败，我把它叫作反馈。"

在大多数人的印象里，成功人士一定自小就出类拔萃，鲜少失利。但事实上，情况完全相反。很多人之所以能够取得成功，正是因为他们此前已经学会如何面对失败。高盛集团总裁加里·科恩（Gary Cohn）在学生时代和早期的职业生涯年间都经历了不少波折："我的成长经历令我能够坦然接受失败。我认识很多诵读困难者都有一个共同点，即大学毕业时，每个人都能够游刃有余地面对失败。所以大多数情况下，我们会往好的方面看，并非受不利因素影响。因为我们早已习惯了不利因素，我们不会被打倒。"在《逆转》（*David and Goliath*，2013）一书中，马尔科姆·格拉德威尔观察到许多成功的商人——例如理查德·布兰森（Richard Branson）、查尔斯·施瓦布（Charles Schwab）、克雷格·麦考（Craig McCaw）和约翰·钱伯斯（John Chambers）都患有诵读困难症，他们因此学会了不惧失败。而与我交谈过的许多成功者则是从体育运动中学到了这个道理。

在《抗挫力》（*Building Resilience in Children and Teens*）一书中，肯尼思·金斯伯格（Kenneth Ginsburg）写到，许多父母不愿承认孩子失败的事实，因为不想孩子对自己失望。他们认为这是在帮助孩子，因为在家长看来，失败会让孩子伤心，所以须尽可能避免。而事实恰恰相反。孩子因此无法意识到，自己原本能做得更好，逃避根本不是在帮助他们。

金斯伯格博士观察到："孩子在某件事上失败时，大多数父母都非常忧心……所以会尽可能说些哄他们开心的话，或者做些让他们开心的事。我们否认那是失败……我们归咎于他人，或者安慰孩子说：'这不是你的错。'但这种回答其实是具有误导性的，因为它传递了这样一种讯息，即糟糕的感觉非常可怕。而当孩子经历失败或者感觉失望时，与其宽慰他的情绪，让他高兴起来，我们更应该注重培养孩子的韧性。没有人会一直成功，而有韧性的人会从每次失败中学到一些东西，下一次他们就能做得更好。他们会持之以恒。所有不良情绪都会成为激励他们的动力。"

关于失败，玛雅·安吉罗（Maya Angelou）有一句至理名言："勇气允许成功的女人失败，并从失败中吸取强大的教训，所以，归根结底，她根本没有失败过。"

克莱姆森大学管理学教授韦恩·斯图尔特（Wayne Stewart）研究了连续性创业者——即那些肾上腺素旺盛的男性和女性，他们会不停地创业。他发现，那些创建了三家或三家以上企业的人有一些共同特征：

- 更热衷于冒险、创新和获取成就感。
- 不那么害怕失败。
- 面对失败，有强大的恢复能力。

我相信他们对待失败的态度可以追溯到自身的成长经历，他们的父母和导师以及任何他们所敬仰的人对待失败的看法：那只是通往成功道路上的一小步而已。

艾略特·比斯诺：准备重新比赛

以下是我儿子艾略特最喜欢的一段话，整个高中期间，他都把它贴在卧室的墙上。他并没有听别人谈及过毅力，但那些话语俨然说的就是毅力。以下摘自泰迪·罗斯福（Teddy Roosevelt）著名的哲学论断"无所畏惧"（daring greatly）：

> 重要的不是评论家；
>
> 不是那些指出强者是如何跌倒的人，
>
> 或是实干家哪里可以做得更好的人。
>
> 荣誉属于真正站在竞技场中央的人，
>
> 他的脸上满是灰尘、汗水和鲜血；
>
> 他勇敢地奋斗；
>
> 他会犯错；
>
> 他一次又一次地失败……
>
> 最终，无论他是否窥见了那至高无上的胜利荣光，
>
> 抑或含恨败北，但至少他输得坦坦荡荡，
>
> 他便永不会同那些冰冷胆怯的灵魂混杂在一处，他们既不知何为胜，
>
> 也不知何为败。

上学那会儿，我以为他未来会成为一名网球运动员，但现在回过头看，我其实培养了一个具有坚毅品格和无畏精神的孩子。只不过，彼时我尚未意识到，

想要在像网球这类竞技性特别强的运动中取胜，所需要的品格跟在任何领域取得成功一般无二。

艾略特小时候什么运动都喜欢尝试：棒球、篮球、足球和橄榄球。12岁时，他决定专攻网球。注意，这里的重点是"他决定"。我们并没有谁强迫他——事实上，我们很惊讶，因为他还有点咄咄逼人的意思："每周的私教课你准备花多少钱？"

但他非常坚持：要上更多的私教课，参加更具挑战的团队课程，更频繁地训练，参加网球夏令营，开始打锦标赛。我们见证了他的专注和决心、他对网球的热爱，也意识到每天在网球场上的艰苦奋战正是他内心欢愉的源泉，所以我们决定支持他。

当他开始认真打球时，同辈中最优秀的那一批孩子已经在参加地区甚至全国锦标赛了。我对他说："在赢得本地比赛之前，我不会带你去外地参加比赛！"我并未意识到自己反而是给了他一个目标，激励他加倍去努力。

艾略特全身心地投入网球当中。18岁时，他在全美青少年网球选手中排名第35位。起初，他几乎每场比赛都会输，但每次失败后，他很快就会振作起来，告诉自己说："我知道问题出在哪里，下次我会打败他的。"当时我并未觉得有什么特别，但那其实是教会孩子如何进步的最佳方式：学会面对失败、弄清楚失败的原因、决定该吸取哪些教训并应用于下一次实践、改变策略、永不气馁、不断进行尝试。

马娅·科马斯：过积极向上的生活

体育运动教给每一位运动员的东西各不相同。艾略特参与竞技类体育的时间比较晚，因而最初几年几乎一直在输。但网球教会了他坚韧、决心、专注以及为成功做好准备，尤其是如何应对挫折。但另一方面，倘若你非常优秀，认为自己是明星选手，并且鲜少失败，那么，你学到的东西则全然不同。马娅·科马斯（Maja Kermath）告诉我，丢掉大学网球奖学金给她上了人生最重要的一课。

马娅出生于波兰，家人作为难民移民至澳大利亚，然后去了美国。在伊利诺伊州尚佩恩市（Champaign）定居前，她同父母和弟弟辗转于斯波坎（Spokane）

和芝加哥。"这段旅程让我接触到了不同的人、不同的地方和不同的环境，"她告诉我，"我绝对是美国梦的产物。"

对马娅来说，她需要适应一个个新的国家，但唯一不变的事情就是网球。"我一直很喜欢运动。上高中的时候，我用两段午餐休息时间来写作业，这样放学后就可以打网球了。我是全州顶尖的球员，而且我的成绩全是优秀。"但她也遭受了不少抨击：

> 我总是在战斗。在我看来，改变做事的方法有助于进步，所以我会告诉那些管理者如何更好地做事。
>
> 学校方面对我很生气，一直想阻止并惩罚我。但我很清楚，在同老师、校长或者网球教练抗争时，父母一直在背后支持我。母亲会同校长坐下来交流，说服他们让我按照自己的想法采取行动，这给了我极大的自信心，我知道只要我下定决心，就可以做任何事。
>
> 网球同样给了我信心。当你知晓自己手握能够掌控命运的全部道具时，那种强大的感觉无与伦比。
>
> 我会永远记得那一刻：第四次来到州冠军比赛的赛点时，我知道我会夺得这场胜利。为了这一刻，我训练了无数个小时。我知道我一定会拿下这一球。我做到了。

高中毕业后，马娅申请到克瑞顿大学（Creighton University）的奖学金，开始打 D1 级别的网球。在那里，她第一次品尝到了失败的滋味：

> 突然间，我不再是明星选手了。高中三年，我没有输过一场比赛。可到了大学，每个人都比我打得好，我一直在输。
>
> 现在回想起来，那时候我非常不好相处，态度很差，自认是有史以来最优秀的选手，我没有能力去应对那种失败。
>
> 最关键的是，他们取消了我的奖学金，而出于自负，我直接提出："那我就退出校队！"

我作为一名网球运动员的身份突然间被夺走了。于是,我给父母打电话,我哭得非常伤心。他们告诉我,把已经发生的事情当作是一种经验教训。

那段时间对我来说真的非常痛苦,但同时我也明白了一个道理:你要学会谦虚,你不是无可替代的。如果可以从头再来,我会默默忍受,然后努力重新赢得教练们的尊重,最后两年里我会继续打球。这是我人生中最重要的教训之一。

这段经历适时地教会了马娅无须害怕失败。在成长过程中,她逐渐意识到直面失败会给予她勇气和力量。在职业生涯的关键时刻,她同样需要这两种品质。在获得伊利诺伊大学(University of Illinois)工商管理硕士学位后,她开始为美国电话电报公司(AT&T)工作:

我的级别不断提升,升职后我买了很多我认为自己应该拥有的东西,包括一辆萨博(Saab)牌轿车和一座海滨别墅。我一直想创办自己的公司。但同时,我也很清楚,我需要学习如何经营一家公司,所以我才会选择来到一家优秀的企业工作,然后时刻保持警惕。

有一天,我飞到另一座城市,和一屋子的创业者们协商如何做成一笔生意。晚上我坐飞机回家,整整一天下来,唯独这一刻没有人认识我,我开始哭泣。我对自己的生活很不满意,我不知道这些眼泪源自何处。我这辈子已经做了所有人要求我做的事——念一类学校、读 MBA、开萨博、住海滨别墅。倘若已经得到了应有之物,为何我还会感到如此痛苦?

于是,我决定要做一个对比:我想要如何分配我的时间以及我实际是如何做的。我深知,自己必须做出改变。

无论吃穿住行,我想要过一种积极的生活,我想要过得健康且快乐。

马娅从 AT&T 辞职,离开了洛杉矶,回到得克萨斯州。在奥斯汀,她创立了 Kor180,一家涵盖普拉提、自行车运动和健身的特许品牌生活馆。她告诉我,尽管她在那儿谁也不认识,但她就是有一种"直觉",奥斯汀是她的"应许之地":

某个不开心的时刻，我生出了建立一家现代健康生活馆的念头。父亲是我的首位投资人。我第一个打电话给他，详述了我的计划。他对我说："给我 45 分钟，我和你母亲谈谈。"然后，他回电话给我，"我们支持你。"

公司成立的前 6 个月是我人生中最困难的一段时期，无论是在情绪上、精神上还是经济上。

作为一名创业者，我每天都会从一个极端走向另一个极端。家人帮助我渡过了难关。他们相信我能做出一番伟大的事业，他们一直教导我，我可以做任何我想做的事情。像我这样的人真的能够开启下一个价值 10 亿美元的事业吗？可话又说回来，为什么不能是我呢？

在《逆转》一书中，马尔科姆·格拉德威尔指出，"勇气并非遇到困难时已经存在的、令你无所畏惧的东西，而是在历经磨难的过程中，你会发现眼前的一切远非穷途末路"。倘若不惧怕失败，你就会更愿意为一个大胆的想法去冒险。你会问自己："最坏的结果会是什么？"在分析了最坏的情形之后，你便可以对自己说："没关系，我可以接受。"

在这些成功的年轻人当中，绝大多数人都曾参加过高竞技性的体育运动。他们对卓越表现的追求是其事业成功的关键要素之一：他们从中学会了如何竞争、如何做好准备、"研究赛程"或"通过录像复盘比赛"；他们懂得努力就会有所回报，以及对胜利怀有谦卑之心。其他年轻的成功者则通过非体育类竞技活动习得了这些道理：例如表演或唱歌、参加艺术、学术或销售竞赛。在雷吉·阿加瓦尔（Reggie Aggarwal）的例子里，这一渠道则是辩论和学生会竞选。

雷吉·阿加瓦尔：一切尽悬于一线

由于公司未能成为模特行业翘楚，33 岁的雷吉·阿加瓦尔被迫搬回父母老家，但在不到 10 年的时间里，他却扭转乾坤，将同一家公司打造成为价值超过 10 亿美元的成功企业。

雷吉的公司 Cvent 成立于 1999 年，专为企业提供活动人员注册的软件服务。得益于 1700 万美元的融资，雷吉的公司发展迅速，截至 2000 年，公司拥有 125

名员工。但当互联网泡沫破裂时，公司收入跌至150万美元。雷吉负担不起运营成本，也筹不到更多的钱。

就像其他那些成功的创业者一样，雷吉拒绝认输。他认为是时候从快速增长向削减成本转型了。于是，他解雇了100名员工，放弃自己两年半的薪水，并要求剩下的员工身兼数职，甚至出差时酒店也要两人共住一间。

"我们就像行尸走肉一样坚持了3年，"他告诉我说，"但为了团队，我必须努力拼搏，我拒绝放弃。我有120个投资者，我不能让他们失望。或许是我太专注于公司的生存了，2年时间转瞬即逝。"

2003年，Cvent迎来了转机。截至2008年，公司年均收入增幅达30%。2011年，雷吉获得1.36亿美元的风险投资，最终向等待了12年之久的原始投资人回报了现金收益。2013年Cvent上市，如今公司在90多个国家总计拥有2000名员工，年收入达2亿美元。

当我问雷吉，是什么给了他勇气，帮助他度过那段最为艰难的时期，他向我讲述了高中时作为辩论队的一员，他第一次学着如何去面对失败：

> 我也尝试过参加体育运动，但不是很擅长。对我来说，真正的竞争来自辩论，在辩论中，我开始专注于如何取胜。我高一就加入了校队，真正体验到了比赛的刺激感。这是我第一次做我想做的事，没人强迫我。比赛是一对一的，这让我对学习、对胜利感到无比兴奋。

他有两位辩论教练，都是女性，她们既有影响力，同时也是非常优秀的导师。几乎每个周末他们都会去往全国各地参加辩论比赛。3年来，辩论就是他生活的全部，他学会了分析自己的失败并找出改进的方法。"将自己置身于激烈的竞争环境当中，这训练了我，让我得以适应商战。"

高中最后一年，他成功当选学生会主席。就读弗吉尼亚大学（University of Virginia）时，他同样参与了学生会竞选，并当选副主席。他发现竞选公职与辩论很类似。"你赌上一切，你必须相信自己，你才能成功。"如今，在为自己的公司招聘大学毕业生时，他也会寻找那些曾参与过学生会竞选的人。

雷吉坦言，他从未真正想过为旁人工作，大三那年夏天，为了赚钱，他买下一家特许经营店，雇学生给房子上漆。彼时他并不知晓，这段经历为他创立Cvent打下了多么牢固的基础：

> 我立即投身到工作当中，我有12名员工，每周工作90个小时。刚开始的几个月，我一直在赔钱。但我不想放弃，不想令我的员工失望。终于，在夏天的最后几个星期，我们接到了几个大活儿，我们赚到了钱。

雷吉说他的父母也非常支持他：

> 每当事情进展不顺利时，父亲总会说："最终衡量你的，是跌倒后你再次跳起来的高度。"面对失败，母亲同样给予了我非常大的帮助。她经常说："失败会令你变得更加强大，所以从失败中学习，然后投身于下一场冒险吧。"

大学毕业后，雷吉在乔治城大学法学院继续深造，随后加入了一家律师事务所。同一些成功创业者的会面给了他辞职创业的勇气，他意识到，如果这些人能够做到，那么他也可以：

> 我发现，他们和我没有什么不同。他们既没有背景，也非聪明绝顶。但我在他们身上看到了一种冒险的意愿，无论前路多么困难重重，他们都会坚持到底。所以，我放弃了8年的律师生涯。
> "坚持不懈，始终如一"是我的座右铭，它帮助我度过了那艰苦的4年，那真的堪比打阵地战了。
> 如今的我，无所畏惧。我知道，无论输赢，我都可以建立自信心，这是我继续前进的动力。

我采访过的成功人士并不都是争强好胜的性格：许多"技术极客"不过是

对计算机很有一套，有些艺术家则致力于完善他们的作品，或者任何他们热衷的东西。但对许多创业者来说，学会竞争才是关键所在，他们因此会想要在各自的专业领域去比拼，勇于冒险，他们并不惧怕失败。

星巴克创始人霍华德·舒尔茨（Howard Schultz）曾说："输赢——或者说成功与失败之间的区别就在于坚持和意志的灰色地带。"一旦孩子们在年轻时就学会如何去竞争，更重要的是学会不惧怕失败，他们会变得更强大。他们会成为不屈不挠的竞争者。

原则三

不要过分在意成绩

许多孩子即便很聪明，在学校的成绩却不太好，因为他们的学习方式、兴趣爱好或性格特征与老师的期望并不相符。这些问题可以从幼儿园一直持续到大学。如果一个聪明的大学生未能在正确的学习环境里取得好成绩，家长可能会迫使他/她留校，然后继续痛苦地学习。但我们将会看到，父母其实还有其他选择，而他们的孩子也可以走上一条截然不同的道路。

下面，我将分享自己同三位母亲的谈话，她们的本意都是好的。

第一位母亲的儿子从大学退学了，但迫于父母的压力，他重新回到学校学习历史。他母亲也承认这孩子根本不喜欢历史，但他总得学点什么。

"他对什么都没干劲。"她的语气里充满了失望。

"什么都没有吗？就没有他喜欢的东西？"

"只有一件事，"她不情愿地答道，语气里带着一丝讥讽，"电子游戏。他一有空就会打游戏。"不过，随后她又补充道，"不过他确实打得很好。"

"那他或许可以在电子游戏领域做一番事业。"我建议道。

她看着我，好像我在说一门外语，因为她根本无法理解我在讲什么。

这位母亲的意图固然无可指摘，想要给儿子找一条稳妥的出路：拿个大学文凭；但她从未意识到，游戏实际上是一个价值数十亿美元的全球性产业，它恰恰会用高薪职位聘请像她儿子这样的人，像游戏设计、原画、编码和软件工程等领域都存在机遇。

我再次尝试道："你会考虑把花在学费上的钱拿去补贴他在艺电（Electronic Arts）或索尼（Sony）做一年无薪实习生吗？"

对于游戏技术在传统行业中的应用，她一无所知，遑论那些像她儿子这般大的年轻人，已经开始自己创业，凭借的就是他们对游戏的热爱以及所掌握的专业游戏科技知识，并且他们当中绝大多数人早已功成名就。在她看来，只要儿子能够拿到大学文凭就可以生活得很好——即便他根本不喜欢自己所学的专业。

第二位母亲的儿子也从大学退学了，同样地，在父母的压力下，他也重新返回学校，选择了日语专业。

"为什么选择日语专业？"我问她。

她告诉我说，在她儿子小时候，他们一家人住在日本，那时候他就会讲两种语言了。除此之外，他也想不到该选什么专业。

"难道就没有他喜欢的东西吗？"

"他喜欢汽车。每天一有空闲，就会摆弄它们。"

"那为什么他不去汽车行业闯荡一番，而是选择学习日语呢？"

其实，我心中早已有了答案——我们会因为孩子"随大流"而奖励他们，就算他们会失败，就算失败会令他们变得不开心。

"修车可算不上大学专业。"他母亲答道。

"但汽车制造、机械工程和汽车设计总可以吧，"我反驳道，"可以让孩子去联系所有在美国的日本汽车公司，看看是否有实习机会或者职业发展项目？或者直接申请有汽车设计专业的大学不是更好吗？"

我希望这位母亲能够试想一下，如果她鼓励儿子去修理汽车，会是何种前景；而不是强迫他向某些表面上光鲜亮丽的范式靠齐，因为后者最终会导致他的失败。为什么不试试帮助孩子过上他喜欢的生活，做他喜欢的事情呢？

第三位母亲的女儿在上高中。那个女孩是一个充满激情且经验丰富的音乐人，她正打算申请大学。她的父母一直非常支持她对音乐的兴趣，送她上音乐课、参加音乐夏令营。

"那你女儿上大学之后会主修音乐吗？"我问道。

"当然不，"女孩的妈妈答道，"我告诉她必须选一门实实在在的专业，这样她才能找到工作，养活自己。"

这位母亲同样没有恶意，她不想女儿去面对就业市场残酷的现实，这完全可以理解。但在我看来，这其实有一定的误导性。我们都希望自己的孩子长大后能有经济保障，但为什么要给他们传递这样的信息：他们需要的是保护，而非激励？他们尚不足够优秀，所以无法凭借自己喜欢的东西谋生？所以他们必须妥协？

许多年轻有为的人在成长过程中学会了去追求自己的激情和梦想。而这位母亲——重申一下，她的本意当然是好的——教给女儿的却是截然不同的东西。

这三位母亲都希望自己的孩子能够走传统的学术道路，但她们的孩子并没有因此而受益。在这些母亲眼里，就算孩子选择自己不喜欢，或者没有天分的专业也无伤大雅，总归他们毕业后都要按部就班找一份工作，就算不擅长也无所谓。但其实，还有另一条路可走。

除了学校教育，还有另一条路可走

那些未来能在各自领域开拓出新道路的孩子们的某些习惯，和大多数学校的价值观并不相符。他们质疑规则，挑战权威；他们想用自己的方式做事。当对手头的任务不感兴趣时，他们就会觉得无聊、丧失注意力。

这意味着什么呢？

- 这意味着他们在学校并不开心。
- 这意味着一些老师可能不太喜欢他们。
- 这意味着学校里没有人指导他们，因为他们没有发现自身到底有多特别。
- 这意味着他们在学校并未得到很多积极的反馈。

诚然，学校教授的是必要的学术和社交技能，但在某种程度上，其所看重的行为举止与开创一项事业所需要的截然相反。而且，正如一位与我交谈过的母亲所指出的那样，学校往往更重视纠正孩子的缺点，而非发掘并支持孩子的长处。这种做法对那些具有创造性思维的年轻人来说可能是毁灭性的；这些孩子的学习方式是由其兴趣决定的，和课程表、教师的教学安排抑或标准化的考试关系不大。

有些孩子确实有严重的学习问题，可能需要医学介入，甚至要去念特殊类型的学校。但大多数孩子，尤其是男孩，可能只是精力充沛。毕竟，你总不能给 5 岁的孩子贴上"多动症"的标签，或者说服他们服用利他林。再者，难道就因他们无法安静地围坐成一圈聆听老师说的每一句话，我们就认为他们哪里有问题吗？

本尼·布兰科：不是问题

本尼·布兰科，本名本杰明·莱文（Benjamin Levin），全美顶尖流行歌曲作家和音乐制作人之一，曾当选 2013 年广播音乐联合会（BMI）流行音乐大奖年度歌曲作家（同年的获奖者还有另外两人）。他创作的作品的唱片销量超过 200 万张，其中有超过 20 首冠军单曲，例如《尽情舞动》（*Moves Like Jagger*）。

本尼和哥哥杰里米（Jeremy，现同本尼一起负责歌曲作家、制作人和艺术家的管理）出生于得克萨斯州普莱诺市（Plano），后来和父母一同搬去了洛杉矶，他们把本尼送去了蒙台梭利幼儿园（Montessori preschool）。等到全家搬去弗吉尼亚州雷斯顿市（位于华盛顿特区周边），本尼便转到了一所公立幼儿园。他母亲桑迪（Sandy）是一名社会工作者，在一间养老帮扶机构担任入院主任。

桑迪告诉我，本尼的幼儿园老师对他不能安静地围坐成一圈很不满意："老师每天都会打电话给我，抱怨本尼根本坐不住。"

而桑迪则直截了当地回答："那又如何？"

诚然，这不是正常父母的反应。大多数家长在收到这样的反馈时会立刻站在老师这边，尝试去"解决问题"——就算孩子才刚上幼儿园。但对于本尼的"与众不同"，桑迪毫不介意，且她对幼儿园老师抱怨的回应也正彰显了在接下来的 20 年里她是如何培养孩子的。

如果本尼做不到某件事（他经常做不到），或者不符合预期标准，她就会说："那又如何？"她是认真的。随后，她便会把注意力放到那些本尼擅长的事情上。

不出所料，本尼后来被诊断患有多动症（ADHD）。曾经，为了儿子，桑迪公开反对他的幼儿园老师，如今，她依旧愿意花大量的时间去帮助他：带他去看医生；参加为多动症儿童举办的集会；和他的老师与辅导员开会，希望孩子能更多地参与学校活动；此外，她还出席了一系列特别会议，争取延长多动症儿童的标准化考试时间。她一直尝试引导本尼将无限的精力转向戏剧和音乐课，听他写的词曲和音乐，包括她讨厌的说唱音乐。

年仅 25 岁便手握 25 首畅销流行音乐作品，对此你有何感想？你或许会认为他是个音乐天才，或者在业界有人脉，再者一定是有什么非凡的品质让他一跃成为这个领域的佼佼者。但本尼绝非什么神童，甚至于他的成长经历也并非一帆风顺。如果一定要说有什么不同寻常的因素，那一定是母亲对他的引导。

桑迪教导本尼，比起在有限的时间内掌握某项特定的技能，人生还有更重要的东西去追寻，她从不质疑他的"特立独行"。当她对"问题"的反馈是"那又如何？"时，其实这传达了一种令人心安的讯息，显然，她知道自己在说些什么，本尼也很清楚。有多少职业要求人们安静地围坐成一圈？又有多少职业要求字迹工整、上色精细？

桑迪对本尼毫不动摇的信任使他即便在学校受到批评时也不致灰心丧气。

随后，在支持他创作歌曲时，桑迪一次又一次传递了同样的讯息。彼时，她并未意识到，即便孩子只有 5 岁，但她早已为其未来的成功奠定了基础：教导他无须将自己的缺陷视为某种问题。顺带提一句，等到本尼从幼儿园毕业，他的老师这才发现他真的是一个特别的孩子。她告诉桑迪，就算有一天他成为总统她都不会感到意外。

本尼虽然没有大学文凭，但如今作为客座讲师，他经常去纽约大学提斯克艺术学院克莱夫戴维斯研究所（Clive Davis Institute at NYU's Tisch School of the Arts）上课。桑迪告诉我，本尼总是说："我一直很清楚，只要我在音乐这条路上坚持下去，坚持到令人'讨厌'的地步，我就一定会成功。"

达尼·琼斯："隐形"的超级明星

达尼·琼斯（Dhani Jones）是密歇根大学（University of Michigan）的全美大学橄榄球中后卫，和海斯曼奖（Heisman trophy）得主查尔斯·伍德森（Charles Woodson）、布莱恩·格里斯（Bran Griese）和汤姆·布雷迪（Tom Brady）组成了狼獾队（Wolverines）无可匹敌的绝佳阵容，帮助学校连续三个赛季斩获"十大联盟学校"（All-Big Ten）殊荣。毕业后，达尼在美国国家橄榄球联盟（NFL）打了 11 个赛季的比赛，先后效力于巨人队（Giants）、老鹰队（Eagles）和辛辛那提猛虎队（Cincinnati Bengals），最终在辛辛那提定居。

结束了自己的橄榄球生涯之后，他在旅游频道（Travel Channel）推出了一档真人秀系列节目《达尼带你擒获全世界》（*Dhani Tackles the Globe*），在全球各地学习多项国际体育运动，探索当地文化。他甚至还在辛辛那提一片历史悠久的社区开了一家名叫 Bow Tie 的咖啡店。此外，他还是纽约创意公司 VMG Creative 的联合创始人之一，客户涵盖 MK、第一资本和雅诗兰黛。

足够博人眼球吧？我采访了达尼的母亲南希（Nancy），她是一名麻醉师。我想知道的第一件事就是达尼是否一直都是超级明星。

"当然不是，"南希说道，"他班上有很多才华横溢的孩子，他不是最出挑的那个。"

我惊呆了。达尼·琼斯在高中不够优秀吗？

南希解释称，达尼小时候参加的都是像游泳、网球和摔跤等个人项目，直到高中才开始打橄榄球，高二时加入校队，发挥很稳定。球队两次斩获州冠军，达尼自己也被顶尖大学橄榄球队招募。

"他的高中教练一定非常喜欢他吧？"我问道。

南希坦言，她不知道。如果教练把当天的比赛用球交到你手上，就代表他非常看重你，认为你是本场的最佳球员。南希告诉我，达尼一直想要得到那个球，这对他来说意义重大，但在打了三个非常出色的赛季后，他却从未拿到过球——直到他高三的最后一场比赛。据南希称，达尼的教练是如此解释自己的疏忽的："他一直表现得非常优秀，我可能刚好忘记认可他了。"

达尼不仅仅是一名出色的橄榄球运动员，他的学习成绩也非常棒，就算不考虑体育特长，他也完全可以凭借学习成绩进入密歇根大学。那老师们喜欢他吗？

"不，"南希道，"真的。他总是问很多问题，有时候你问题太多老师反而不太喜欢你。你可能会觉得对于老师或教练来说，经常有孩子质疑他们没什么大不了的，但实则不然。"

从不同的角度看待问题、想要有所改变，可能不会让你成为老师们的宠儿，但却有助于你在任何领域成长为一名伟大的开拓者。

家长能做些什么？

我想重申的是，许多成功人士同时也是成绩优异的学生，就好比本书中介绍的不少人轻松进入常春藤盟校就读，并获取了高等学位。以下内容是写给那些成绩不好，抑或成绩不错但过得并不开心的孩子的父母的。

我并非鼓吹家长无须帮助孩子提高在校成绩，教育显然非常重要。这里谈及的大多数成功者曾经都是"学霸"，在课业上并不需要额外的帮助。但对于那些成绩不好的学生，家长能做的其实有很多，以帮助他们踏上一条自信和无所畏惧的成长之路。我们接下来会提到，重要的是，找到孩子成绩不好的原因，以及家长如何在校外为其提供必要的帮助。倘若母亲能够采取正确的做法，孩子一定会茁壮成长。

杰夫·马克斯：不要默守成规

杰夫·马克斯（Jeff Marx）是《Q大道》（*Avenue Q*）的作者之一，三项托尼奖（Tony Awards）——最佳音乐剧奖、最佳音乐剧编剧奖和最佳音乐剧词曲奖得主。在首映后多年，《Q大道》仍在纽约和全球各地上演。电视连续剧《欢乐合唱团》（*Glee*）中的一集使用了杰夫为"越来越好"（It Gets Better）活动合写的一首歌。他还为电视连续剧《实习医生风云》（*Scrubs*）合写了四首歌，其中一首歌更是获得了艾美奖提名。

杰夫出生在芝加哥，父亲是一名儿科牙医，母亲则是一名牙科保健师。他在佛罗里达州长大，三个妹妹在校成绩都非常好（特蕾西是心理学博士，杰米是教育学硕士，朱莉是心理咨询硕士）。

尽管杰夫成年后很成功，但其校园生活却不尽如人意。他的母亲温蒂

（Wendy）告诉我：

　　如果要说杰夫小时候我做错了什么决定的话，那一定是过早地把他送去了幼儿园，因为那时候他已经开始阅读了。这意味着，整个学生时代，他都是全班年纪最小、身材最矮小和动作最不协调的那个，没有队伍想要他。他经常找借口不去操场，因为他一定是被挑剩下的。他说总有一天他要写一本书叫作《你会得到杰夫》（And You Get Jeff）的书。他不太合群，没有几个朋友。

　　他上六年级的时候，我们被叫到校长办公室，所有的任课老师都在。他们打算"劝退"他。杰夫的数学考试成绩全班第一，可数学老师却拒绝让他通过这门课程。"我每天都给他打零分，因为他从来不做作业。"对此，杰夫的反应是："我考试成绩已经是第一名了，为什么还要做作业？那根本是在浪费时间。"

　　杰夫的科学老师说："就算是一块讲台上的海绵，吸收的东西都比他在我课上学到的多。"杰夫道："我对科学不感兴趣。"

　　继而，历史老师也抱怨杰夫上课不积极，杰夫掷地有声道："我对苏美尔人在公元前3000年做了什么完全不感兴趣！"

　　阅读课的老师要求每个学生读一本传记，然后向全班同学介绍一下主人公，作为读书报告的一部分内容。杰夫想读一本关于约翰·列侬的书，他非常兴奋。他打算扮成他的样子，一边弹吉他一边唱《想象》（Imagine）。

　　但阅读老师不允许，列侬不行，她要求杰夫必须换一个人。杰夫对此感到非常失望——列侬可是他的偶像之一。"我对别人没兴趣。"他如是说。

　　校长很同情杰夫，建议他如果想唱歌的话，可以参加几周后学校举办的才艺表演。

　　温蒂坦言，那场活动改变了一切。那是杰夫的首场公开演出，也是自己作为母亲人生中的高光时刻之一。杰夫一边弹吉他一边唱《安妮的歌》（Annie's Song），每个人都为之久久沉迷，温蒂回忆道，人们的眼中满含泪水：

所有两周前咄咄逼人的老师都跑来跟我说："我们没想到他这么有才华。我们真的感到非常抱歉。"学校的创始人以前从没和我讲过话，他特地跑来告诉我："我从未听到过像杰夫这样完美的声线。"

突然间，同学们仿佛第一次看到了他，都想和他做朋友。自此之后，他通过音乐在学校找到了自己的位置。他参加了合唱团，参演学校的音乐剧，还为其他表演者伴奏。

温蒂想要培养杰夫的天赋，所以给他找了一位声乐老师，后者有一支名叫"第一次成人礼"（The #1Bar Mitzvah Band）的乐团，他邀请杰夫加入。之后的9年时间里，杰夫每个周末都要表演几次：

在演出现场，女孩们会追着他跑，想要他的照片或电话号码，他就像个摇滚明星。那极大地增强了他的自信心。

杰夫一直热爱音乐。我带他去看过很多场演出。他从小就熟知各种音乐剧的配乐，对流行音乐也如数家珍。

我自己小时候弹钢琴，所以希望我所有的孩子都能演奏某种乐器。但杰夫上了几堂钢琴课后，对我说："妈妈，我对钢琴没兴趣，这是在浪费时间。"

杰夫也不想学识谱。高二的时候，我给他买了一本流行金曲集——里面有旋律谱和和弦。我找了两首C调的歌，其中一首是《渐渐认识你》（Getting to Know You）。我们在钢琴旁坐下，我对他说："我来弹主旋律，你弹和弦。"

温蒂告诉我，仅仅几个小时后，她发现杰夫已经可以在琴键上完美地演绎曲子的和弦编排。"我简直无法相信，他比我弹得都要好。"于是，杰夫找到了自己想做的事。"所以，他成为一名钢琴手。"温蒂很快为他找了一名新的钢琴老师，老师对她说："一代人里，偶尔会有一个像他这样的孩子出现。"仅一周后，杰夫便开始为学校的唱诗班担任钢琴伴奏，又过了一周，他直接在本地一家餐馆通过演奏赚取小费。

然而，正如其他许多偏离了传统学校教育之路的孩子们，想要成功，杰夫仍面临许多困难，但他的母亲支撑他克服了这一切。

上了高中后，他还和小学时一样拒绝写作业，因为那些科目他并不感兴趣。随着申请大学的时间越来越近，他想主修音乐剧表演，这样一来唱歌和表演都不耽误。"他还是不识谱，"温蒂说道，"但靠耳朵也可以进行出色的演奏。"在申请艺术类奖学金时，他提交了一份录音带，里面包含了他自己演奏的四首钢琴曲。正是因为那盘带子，好几所大学写信给杰夫，邀请他报考。温蒂向我讲述了接下来发生的事情：

> 我去见了他学校的升学顾问。我拿着所有给他写信邀请他去就读的大学名单，告诉她杰夫计划要申请的学校。
>
> 她嘲笑我道："你凭什么觉得他会被录取？我们这里好多优等生都被拒绝了。"
>
> 我答道："但他们专门写信给他，让他去申请。"
>
> "你一定搞错了。那类学校是不会想要他的。"
>
> 于是，我给她看了那些信。她简直目瞪口呆。
>
> 令她惊讶的是，杰夫被密歇根大学音乐剧表演系录取了，但他是班里最差的舞者。他记不住舞步，因为他从来没有跳过舞。钢琴课对他来说也很难，因为他不识谱。他从未出演过任何一部戏剧，所以直到毕业也没有表演经验。一位教授告诉他，戏剧这行不适合他。

于是，杰夫决定转行做一名娱乐业律师，他进入卡多佐法学院（Cardozo School of Law）学习，但相较于其他学院，他对法学院也并没有特殊的偏爱，除了为法学院的年度音乐歌舞剧《法律》（Law Revue）写歌词，剧目一贯的主题是嘲讽教授和法律。其中一位院长弗兰克·马基亚罗拉（Frank Macchiarola）协助他进行歌曲创作，在这一过程中，弗兰克发现了他的才华，最终成为《Q大道》的投资人。"没有他的鼓励，杰夫不可能从法学院毕业。因为基本上，他就只写了那部剧。他告诉我：'我会毕业的，但之后我并不想从事相关的工作。'"

杰夫通过了纽约律师职业资格考试，然后决定申请纽约 BMI 莱曼·英格尔音乐剧场工作室（BMI Lehman Engel Musical Theatre Workshop）为期三年的课程项目。他凭借作词人的身份被录取了，杰夫终于找到了一片得以施展才华的学术天地，他开始创作音乐和写词。

在那里，他结识了罗伯特·洛佩兹（Robert Lopez），两人共同赢得了"埃德·克莱班奖"（Ed Kleban Prize），该奖项每年都会颁发给有前途的作词人，奖金高达 15 万美元（两人赢得了其中的一部分）。

"我一直相信他。"温迪告诉我：

> 杰夫带着我走过托尼奖、艾美奖和格莱美奖的红毯。我的人生简直可以用不可思议来形容，有时候我甚至都想要掐自己一下。拍《欢乐合唱团》的时候他带我们去了派拉蒙片场，他还带我们去过一个教堂，洛杉矶同性恋合唱团（Gay Men's Chorus of L.A.）在那儿演唱了他的一首歌。他安排我们会见奥巴马总统。
>
> 我深深地为杰夫感到骄傲，他慷慨、体贴、多才多艺、才华横溢且极具创造力。只要是他想做的事，我们一直都很支持，而从某种程度上来说，他也成功找到了属于自己的道路。

杰克琳·梅森：真正的毅力

杰克琳·梅森（Jaclyn Mason）在华盛顿特区开了一家名为"魅力乔治城"（Charm Georgetown）的精品店，生意蒸蒸日上。但学生时代的生活简直不堪回首，她告诉我，她转过很多次学，因为每一所学校都劝她退学。

杰克琳的学业问题源自她有学习障碍。小时候，学习专家就告诉她母亲乔安（JoAnn），你女儿根本念不了主流学校。

但乔安拒绝接受这一判断。杰克琳对我说，她母亲一直是那种非常投入和积极主动的家长，她决定帮助女儿追上自己的同学。几乎每天放学后，乔安都会带杰克琳去语言治疗专家那儿学习阅读。杰克琳坦言，她几乎被逼到了极限，不过她坚持了下来，最终赶上了同学们的进度。

如今，杰克琳一手包办了店铺的所有采购事宜，例如珠宝、饰品和装饰性礼物等。她紧跟时尚潮流，负责店铺的营销和社交媒体平台。通过努力工作，她取得了成功，但除此之外，她还有一位相信她并尽己所能帮助她的母亲。

詹娜·阿诺德：不同的学习

詹娜·阿诺德（Jenna Arnold）30 岁出头，是一位杰出的企业家。她是如此自信，你很难想象她少年时代的日子并不好过。但詹娜的母亲劳伦（Lauren）很坦然地同我讲起詹娜的成长经历：

> 她真的是个"大麻烦"，某种意义上来说，这或许是她的本性，但我很清楚，未来的某一天，她的天赋会真正显露。如果只考虑眼前一个星期的事情，你多半不会觉得有太大压力，即便如此，你心中也要有一个长远的规划，毕竟"儿孙自有儿孙福"。
>
> 詹娜出生时一直在哭叫，整整 18 个月没有好好睡觉。我很清楚，光靠我自己是应付不来的，于是，我找来亲戚朋友，林林总总加起来有 40 个人，我们一起哄她开心。我过去经常见人就喊："快点来帮帮我！"她 2 岁的时候，我回到卧室大哭了一场，我觉得自己要崩溃了。
>
> 我很早就给她找了辅导老师，因为要忙自己的事业，所以很多时候都得靠我丈夫。因此，她变得非常独立，自理能力很强，且亲眼见证了一位母亲是如何努力工作支付账单、养家糊口，同时自学成才并回馈社会的。
>
> 詹娜上二年级时，我意识到她的学习能力有些问题。
>
> 此前，她在朋友当中一直充当领头人的角色，并且是高级阅读小组的成员。我去参加家长会的时候还不知道出了什么事，只听老师说："她没办法正常阅读。"于是，我问道："既然如此，那为什么她还在高级小组？"老师答道："因为她人缘足够好，她的朋友都在那个小组里。别担心，她很漂亮，一定可以当模特。"
>
> 我直接给她办理了退学。既然发现了她有学习障碍，我们也坦然接受，我们为她找到了适合的学校，并构建了一个网络来支持她。我们协助开办

了一所实验学校，詹娜有能力完成课题、组织项目并积极参与学校活动。他们教她克服学习障碍的技巧。两年后，为了维护她的自尊心，我们把她送进了一所贵格会学校。

詹娜的弟弟托马斯（Thomas）比她小两岁，是一名企业家，在迪拜地区从事私募股权工作。詹娜后来就读于迈阿密大学教育专业，为班级赢得了最佳教学奖，继而在哥伦比亚大学获得国际和平教育硕士学位。25 岁时，她成立了内容创作公司 Press Play Productions，通过媒体向人们宣传重要的社会问题。

劳伦意识到她只能满足詹娜一小部分的需求，所以她找来许多人帮助她。并非所有家长都能在孩子陷入逆境时自行再创办一所学校，即便如此，他们依旧可以提供支持，例如确保孩子得到所需的帮助，为他们所取得的成绩感到骄傲，等等。

艾丽卡·福特：为沉默者发声

出生于纽约市的艾丽卡·福特（Erica Ford）被认为是同时代最杰出的自我赋权和反暴力活动家之一。

2002 年，她与人共同创立了乐夫营地（Life Camp）：通过教育让爱点燃自由（Love Ignites Freedom through Education），并出任首席执行官。训练营的使命是为黑人和拉丁裔青年提供必要的工具，以帮助他们提升批判性思维能力和个人责任感，从而改善他们的生活。此外，艾丽卡还在皇后区南牙买加社群负责一个反暴力计划，并致力于构建公共 – 私营领域之间的合作关系，创造暑期工作机会，以减少年轻人的暴力行径，因为故意杀人已经成为造成纽约市年轻人死亡的主要原因。

她和大一岁的哥哥在皇后区长大，父亲在她 3 岁时死于越南战争，从那时起，母亲多丽丝（Doris）便独自抚养两个孩子。

艾丽卡告诉我，每年，她母亲都会在她的成绩单上看到一张便签，上面写着："艾丽卡话太多了。"学校不知道该拿她怎么办才好。即便如此，"我在社区里一直是领头的，大伙儿骑自行车闲逛的时候也都爱跟着我，"艾丽卡道，"或许就是因为我能说会道吧"。

为激发孩子们的自信心，多丽丝付出了很多：

> 母亲鼓励我们去体验这个世界，去不同的地方，接触所有会令我内心
> 升起希望的东西。她来自巴拿马，我们小时候每年夏天都会去那里。我们
> 去过美洲许多不同的国家。我一直非常自信，在社区里，我可以从容地穿
> 过帮派和毒贩的聚集地，我相信没有人会对我做什么。

艾丽卡坦言，学生时代，只有一位老师给予了她信任，这位老师的鼓励对
她影响极大：

> 六年级时，我的老师兰德隆教导我们，只要有组织有规划地去做正确
> 的事，我们将无所不能，我们可以不惧怕任何人。
> 我的人生因此而改变。这也是为何我今天在做这些事，即便微不足道，
> 但我很清楚，自己可以给孩子们的人生带来积极的影响。

艾丽卡自 18 岁起成为一名社会活动家。21 岁时，她同联合国咨询机构"12
月 12 日运动"（December 12 Movement）的国际秘书处一道去了日内瓦。据艾
丽卡称，在那里，人们把她当作是国家元首来对待："我突然意识到，我真的
可以有所作为。"

艾丽卡深知，母亲会一直支持她，即便对于她的某些选择，母亲并非全盘
赞成：

> 刚开始做社会活动的时候，母亲并不看好，但她还是提供了经济上的
> 支持，这说明她相信我。她在电视上看到我在组织一个集会，便劝我改行
> 做点别的事，因为她很害怕那些东西，毕竟，她来自一个充满恐惧的地方。
> 即便如此，她还是一如既往地支持我。倘若没有她经济上的支持，我无法
> 有今日的成就。

尽管她的使命是保护我，但依旧都助我渡过了经济上的难关。如今回想起来，我更加感激她为我所做的一切，因为我知道即使她并不赞同我选择的道路，但她依然会支持我。她希望我找一份安全的工作，虽然未能如愿，但她一直站在我身后。

艾丽卡称，除了来自母亲和一位老师的支持，她还得到了社区许多妈妈们的关照，是这些人令她成为如今的自己：

对于那些照顾过我，让我走上正确道路的女人们，我深表感激。每当我走进班级，我根本听不懂那些课在教些什么内容，是她们让我能够真正重返校园，是她们让我明白了教育的重要性。有太多的母亲在我的人生中留下了印记。

即便学校里的老师都觉得她讨人嫌，但艾丽卡的母亲一直支持着她。她鼓励艾丽卡去寻找并利用自己的声音，尽管女儿最终选择的职业并非她原本所设想的。

在过去的10年里，我一直忙于组织活动！人们总是看到我拿着扩音器，但本质上，我仍然是那个因为话太多而惹上麻烦的孩子。但倘若我听从了老师们的建议，保持安静，我就不会成为今天的我，也就无法为那些沉默者发声。

学校能做些什么？

一些学校逐渐意识到，鼓励学生追求各自的兴趣爱好，要比强迫他们学习自己讨厌的科目更有助于取得成功。这也是位于曼哈顿下城区蓝人学校的办学宗旨，蓝人学校是一所独立运营的进步学校（progressive school），生源面向两岁至八年级的所有孩子。蓝人学校的创建者是我们在上一章节介绍过的克里斯·维克和朋友玛特·高曼与菲尔·斯坦顿，他们三人同时也是蓝人乐团的创始人，致力于激发观众和自身的创造力，实现共同学习与成长；随后，他们将同样的价值观植根于学校当中，鼓励创造，让孩子们体会到学习的乐趣，并爱上学习。学校的校训是："在蓝人学校，每一个孩子的志向都会实现，他们可以尽情挖掘自己的兴趣爱好，他们每个人都很清楚，内心所萌发的每一个想法都至关重要。"

玛特·高曼将创新视为蓝人学校的使命。"创新不是凭空发生的，它通常要求人们具备非凡的技能，了解不同学科的规则，并且有意愿去整合和打破那些规则。在我看来，正是这种打破规则，仿佛'魔术师'一般的力量激发了创新"。

但大多数学校并非如此。在《大脑与孩子》（*Brain, Child*）的一篇文章中，丽贝卡·兰宁（Rebecca Lanning）讲述了她所面临的逆境，她儿子的学习能力有些问题，可能高中都没办法毕业。但她头脑聪明，消息灵通，并且非常有想法，她选择主动出击：带儿子去看专科医生、做检查、尝试各类药物、给他转学，等等，这位母亲甚至减少了自己的工作，最终帮助儿子成功念完了高中。她儿子其实很有才华，但就是对学校课程不感兴趣，所以成绩很差。毕业后，孩子简直筋疲力尽，所以整整休息了一年。

在读到这篇文章时，我不禁会想，倘若学校能够让兰宁的儿子做自己喜欢的事情，就像蓝人学校那样，结局会不会有所不同。或者母亲可以培养孩子的兴趣爱好，而非把所有的精力都耗在攻克那些他不喜欢的课业上，就结果而言，也许他只能勉强毕业，或拿一张普通教育文凭，但也可能他会开始写歌、拍电影、摄影、写计算机代码、画画、烹饪、修电器、卖柠檬汁或者为社会正义而战。也许到那时，他会找到一种谋生的方法，得以支持他继续自己所钟爱的事业，而不是浑浑噩噩地闲上一年，然后再战战兢兢地进入大学。

在许多父母看来，如果孩子没有上一所好的大学，继而顺利毕业，在事业上就无法取得成功。或许在20世纪这个逻辑是行得通的，但如今则不然。撒切尔中学校长迈克尔·穆里根曾提到，导致如此多的青少年抑郁的一个原因是，他们所做的一切都是为了进入一所精英大学，而非学习自己真正喜欢的东西。有些职业的确需要研究生学位，但有的却连大学文凭都不看。大多数初创企业看重的是知识，而非学历。当然，如果是自己创业，你完全可以按照自己的想法提出工作要求。

如果你觉得自己有可能会培养出一位未来某一领域的领军人物，那么，在更多的学校采用蓝人学校的办学理念之前，有几件事需要记住。

亮眼的学术成绩绝非事业成功的先决条件。我采访过的一些成功人士学习成绩一直名列前茅，其中三分之一毕业于一流大学，是班上的佼佼者，四分之一拥有高等学位；但其他同样成功的受访者却并未完成大学学业，而是选择从事对他们来说更重要的工作。我们将在后文提及的数字创新咨询公司 Mutual Mobile 创始人约翰·阿罗（John Arrow）提出了一个相当有趣的观点。他说，在一些创业者当中（尤其是旧金山地区）流传着一种观点：想要成为一名企业家，你必须先辍学，但其实这也不能一概而论。他解释称："某种程度上来说，你必须全身心投入才行。你不能一边经营一家公司（尤其是初创公司）一边还要兼顾学业或其他职业。并不是一天里有限的工作时间问题，而是事关你的思维容量，你的注意力在哪里。如果自知有一张安全网，你不太可能会再额外使劲儿。"

这也就是为何当这些人有了一个绝佳的点子，大多都会选择辍学继而全力以赴。他们当中不少人都是优等生，也有成绩差的，但本书中介绍的近 20% 的成功人士都未完成大学学业，因为他们迫切地想要进入人生的下一个阶段。无论他们是大学毕业还是中途辍学，抑或从未上过大学，或者在学术领域颇有建树，其所接受的正规教育同在现实世界中取得成功所凭借的个人能力实则毫不相关。

许多成功人士的父母在培养子女的过程当中可能并未意识到自己在做些什么，在看到孩子辍学后，他们也可能非常震惊。比尔·盖茨的父亲曾说："作为一位父亲，我从来没想过这个在我家里长大、吃着我的食物、用着我的名字、还总要与我争论的小男孩会成为我未来的雇主。"这些成功人士当中很多人都非常喜欢学校，各科成绩均名列前茅，也有不少人的校园生活不尽如人意，但为了让家人开心他们还是勉强念完，更有不少人根本没能毕业。

重点是，孩子的校园生活一帆风顺固然皆大欢喜，如若不然，你也必须理智地面对，强迫孩子待在一个他觉得愚蠢至极的环境里不是办法；他当下所在的学校，及其价值观未必是唯一的出路。要学会质疑那些无法吸引到他的做法。考虑转学，或者去念特许学校（charter school）、直接接受家庭教育，等等。此外，如果你的孩子讨厌上大学，也不必强迫他一定要念完。正如我们将要在下一章节介绍的例子，另一种渠道同样对孩子大有裨益，那就是为他们找一位导师，无论孩子的学习成绩好坏，导师都可以帮忙疏解来自老师或同学的负面反馈。

无论决定采取何种行动，都要确保你的孩子知晓，你支持他们去发现、探索和掌握自己喜爱的东西。

还有最后一件事。据记录显示，约翰·列侬上高中时，曾因是个"讨厌鬼"以及"对什么事都不感兴趣"而受到惩罚。大家形容他是"一个极度厚脸皮的男孩"，并且有两回，他在一天之内被关了三次禁闭。有报道称，那几张禁闭处分单在拍卖会上售出了 3000 美元的高价。列侬还有一句著名的言论（尽管无人证实）："我上学时，他们问我长大了要做什么。我写下'快乐'二字。他们告诉我，我没理解那个问题的意思，而我则回答他们，是你们不懂得人生。"

原则四
导师的作用
——信赖与激励

对一个不安于现状且有创造力的孩子来说，这个世界或许是僵化和受规则所束缚的，仿佛一切的设计都是为了阻止他们探索真正有趣的东西，弄清楚那到底是什么。倘若有一位成年人指出，跳出界限，采取不同的方法做事也无伤大雅，无疑代表着一种极强的认同；如果他/她能够信赖孩子，给予其创新所需的工具，将有助于他们开启伟大的事业。除此之外，导师还可以拓宽孩子们的眼界，令其发现各种可能性——许多医生的孩子进入医学界，律师的孩子则踏足法律或公共政策领域，但导师却可以给孩子展示一条与父母截然不同的道路。

给孩子寻找一名导师非常重要，原因有很多，显而易见的是：导师可以提供帮助和指引，教导并促进孩子成长。还有另一个不那么明显的原因，即导师的信赖会增强孩子的自信心。特别是某些孩子在生活中从他人处得到的积极反馈较少时，这一点更显得尤为重要。

导师的信赖有助于孩子树立对自身能力的信心，培养其韧性，而没有韧性的人几乎不可能在任何领域取得成绩。新事物刚一出现可能并不会被赏识，你早期的努力可能会被人嘲笑。

即便尽了最大的努力，但你的项目可能就是火不起来。大多数人会将之视为某种信号，继而转向寻求一条更加稳妥的出路。但对于专注于实现理想的人来说，要么修正现有项目，要么直接开启一个全新的项目。

与父母相比，导师的一个优势是不必对孩子的"安全"成长负责。理想的导师是受另一种截然不同的力量所驱动的：让孩子独立面对挑战，培养其应对挑战的能力，甚至于在必要的时候从背后推上孩子一把（而父母通常不愿意这么做）。而对于孩子来说，特别是青少年，他们之所以更愿意听导师的话，正因为导师不是父母。从某种程度上说，许多孩子对来自父母的建议仿佛持有天然的怀疑态度，因而拥有正确价值观的导师就变得极为重要。

本书介绍的大多数成功人士都有一位或多位导师。导师并不一定要多有名或者是什么大人物，但他／她必须是孩子尊重的人，他／她走进孩子们的生活，向其展示一种全新的看待世界的方式，抑或通过理解孩子看待世界的方式认可其对自身价值的定位。

激发学习热情

导师对每个人来说都很重要。假使孩子在学校不受认可，那么，最有助于增强其自信心的方式，无疑是有人能够欣赏他的才华，尤其这个人还是他所热衷领域里的佼佼者，孩子会感到格外开心并重新振作起来。就算你的学习成绩并非名列前茅、老师因为你上课不能乖乖坐着听讲或者问题太多而讨厌你，但在你所热衷的领域里能有一位专业精英对你赞誉有加，还有什么比这更美妙的吗？

本尼·布兰科：第二次信任投票

还记得本尼·布兰科的母亲桑迪吗？当老师提出她儿子在学校的表现有问题时，她根据原则三的主张做了回应，"那又如何？"除此之外，她还决定寻找另一位信赖本尼的大人。

本尼上中学的时候，父母离异，对于孩子们来说，那是一段非常难熬的日子，但同时也对他们的成长产生了重要影响。"因为要负担起家里的责任，本尼被迫变得成熟起来。"桑迪道，"也正因为如此，他才成长为如今这般模样：善良且富有同理心。"

那段时间，关于是否要把本尼送去一所提供特殊教育服务的私立学校，桑迪和前夫一直存在分歧，因为本尼的弟弟同样被诊断患有多动症。但桑迪还是决定让孩子们去上普通学校，因为这样有助于他们适应"真实的世界"。这意味着，当本尼这个白人犹太男孩开始认真对待音乐时，他的初高中同学却大多是黑人。他结交的朋友们有着截然不同的生活背景，而他们之间的友谊无疑对其音乐品位产生了影响。

在埃米纳姆（Eminem）被大众所接受之前，本尼就已经是一位白人说唱歌手了，但就连他自己也承认，在说唱方面他"没什么天赋可言"。桑迪非但没有打击他，反而鼓励他对音乐的热爱。她不在乎老师们怎么想，也不听朋友的劝。她带本尼去上校外的爵士鼓和吉他课，她还找到了另外一个信赖他的人——一位音乐老师，他说本尼是他 30 年来教授过的最有天赋的学生。这对本尼来说意味着一切。

本尼八年级时赢得说唱比赛的冠军，十几岁时就卖出了自己的第一首歌，尽管歌曲的节奏同一段名为《嘻哈甜心》（*Hip Hop Honey*）的软色情视频配乐相仿，但他仍坚持展示给所有人听。

对此，桑迪想必没少头疼。更有甚者，本尼提出周末想坐 5 个小时的巴士从弗吉尼亚州到纽约市去见其他说唱歌手和制作人；而最出格的是，本尼刚上大二就提出要退学，全身心投入音乐当中，这时候桑迪多半濒临崩溃，但最终，她还是同意了。

正因为本尼的母亲允许他去追逐自己的兴趣爱好，他便一路向前，直到踏上了格莱美奖的红毯，年仅二十四五岁便获得了 9 项提名。倘若没有来自母亲和导师的信任以及连番推动，本尼非凡的才华又能否得到展现呢？显然，本尼充分意识到导师在其人生中所扮演的重要角色，如今，入选词曲作家名人堂的本尼一直在指导年轻的音乐人。

杰西·吉尼特：我相信你会把事情做好

Lumi 联合创始人杰西·吉尼特（Jesse Genet）是 DIY 领域的先驱，她开创了一种全新的织物印染流程，以替代传统的丝网印刷工艺，让人们可以轻松设计自己的衣服。一位朋友钦佩地形容杰西为"点石成金的科学怪人"。

杰西的导师是她的继父道格（Doug），认识他的时候杰西正值青少年：

> 我在底特律郊区长大，姐姐比我大 6 岁，所以从某种意义上来说，我更像个独生子。我的母亲劳琳·苏（Laureen Sue）是一名学校老师，父亲是一名律师。我 12 岁时，他们离婚了，15 岁时母亲再婚，那时我上高二。

母亲一直把我当作"小大人"，所以跟他们待在一起，我没有半点儿不自在。不管我是3岁还是13岁，母亲到哪里都会带着我。

她会对我说："这是成年人的地方，所以你得表现得像个成年人。"她教导我，无论面对任何情况都不要害怕。她信任我们，给了我们很大的自由。

但我从未见过道格这样的人。他是一名技术开发人员，不像我的父母，他从来没有正常上过班。放学后，我会去他的店里待着，在那儿写作业，顺便观察他是如何做生意的。他非常迁就我，让我坐在会议室里旁听。我像是一块海绵一样疯狂地吸收着所有新东西。母亲再婚的时候姐姐已经上大学了，所以她在成长过程中并没有经历这些。她不理解为什么我宁愿去道格的店里待着，而不是和朋友出去玩。她是比较传统的那类人，拥有工程学硕士学位，但讽刺的是，她现在兼职给我打工。

对杰西来说，被委以信赖，用成年人的方式进行创造是一个关键的人生转折点：

道格的动手能力非常强，但凡我想要做什么，他都会亲自示范给我看，例如搭一个橱柜，或者重新抛光地板。这一切对我来说都新鲜极了，更何况，他还有许多的工具，做木工的、金属加工的。他会先给我演示一遍，然后让我自行操作，他相信我可以做到。

道格是第一个在我求助时答应帮忙的非直系亲属，是他让我懂得了寻求帮助的重要性。我父亲是很老派的人，他家里的那些人不是医生、律师就是牙医，个个都是密歇根大学的毕业生。但道格让我明白了，你无须用那些条条框框来束缚自己。

我一直不怎么合群。高中最后一年我跳级了，因为我不想每天在教室里枯坐上9个小时，明明还有那么多其他事情可做。

我说服校长让我学习大学课程。我在道格的店里待很长时间，上网课，我还会去旁听一些社区大学的课程。

虽然杰西同样被密歇根大学录取，但她选择打破家庭传统，就读位于帕萨迪纳市（Pasadena）的艺术中心设计学院（Art Center College of Design）：

> 我决定学习一些自己不擅长的东西。我有创意，但不懂设计。我很清楚，作为美国中产阶级的一员，很多东西我都不了解，但我可以通过这种方式来提升自己。我努力学习，希望可以拿一个产品设计的学位。
>
> 但我没念完大学，在遇到斯蒂芬·安格勒文特（Stephan Angoulvant）之后，我们共同创立了 Lumi。我专注于这个概念有一段时间了，我知道一定有更好、更便宜的印刷方式。
>
> 斯蒂芬在设计上非常有天赋，而我则擅长营销，将技术转化为人们想要使用的东西，我会告诉大家为什么这个创意很重要。我们配合得天衣无缝。

2010 年，杰西在众筹网站 Kickstarter 上创办了 Lumi，彼时她还是一名大学生。"我很喜欢自己正在做的事情，并且大家的反响也不错，明年收入有望翻倍。"在杰西看来，得益于母亲的教导，她才能够变得"自信和睿智"，Lumi 之所以能够取得成功，母亲功不可没。"但我能够勇敢地追逐梦想却要归功于道格，我的家人并不理解我的兴趣爱好。在道格店里度过的那些时光给我带来了很多快乐，即便大多数人都觉得我是在浪费时间，除了道格。"

鼓励大胆的选择

那些一直受老师和同龄人认可的孩子似乎并不太需要导师，可即便优等生和受欢迎的孩子鲜少缺乏自信，他们同样需要旁人的鼓励，鼓励他们去追求自己的梦想。某种程度上说，在少年时代便取得过传统意义上的成功反倒可能会让其在日后丧失探索未知道路的勇气。一名出色的学生可能更倾向于走那条早已铺好的老路：参加"正确的"活动，念一流的学校，找份稳定的工作以及赚取最高的薪水。而想要跳出既定轨道，走出一条属于自己的路，这些出类拔萃的孩子们同样需要来自导师的鼓励。

汤姆·斯科特：朝着正确的方向前进

果汁公司 Nantucket Nectars 联合创始人汤姆·斯科特（Tom Scott）将公司卖出数千万美元，随后又创办了其他公司。有关汤姆及其公司的研究屡见不鲜，他最新的动作是成立了 The Nantucket Project，这个组织汇集了从国际领导人到小企业家的各界人士，他们都想回馈社会，让世界变得更加美好。

为了解更多有关汤姆的情况，我采访了她的母亲简（Jane），我们认识很多年了，她告诉我，汤姆人缘一直很好，还是个好学生。然而，想要做一番事业，就要敢于拒绝最安全的路线，抓住机遇，他也需要导师的指点。

汤姆出生于华盛顿特区郊外的切维蔡斯市（Chevy Chase），在四个孩子中排行第三，几个孩子的年龄差距不超过五岁。简告诉我，前两个孩子比较难带，占据了她大部分的时间和精力，而汤姆"不太需要父母管着，"她经常"让他一个人待着"，因为他总是"看上去知道自己该做什么"：

> 汤姆是个"特立独行"的孩子。他一直是领头的，所有的比赛都由他来组织，其他孩子都跟着他走。
>
> 汤姆一直想要工作，因为他想赚钱。高中最后一年，因为他爷爷生病了，所以我们在科德角（Cape Cod）的特鲁罗市（Truro）度过了一个夏天。孩子们想待在家里和朋友一起，于是我们同意把所有人都带上。我们买了一艘带引擎的老波士顿威拿（Boston Whaler）钓鱼船，汤姆乘船去 30 英里（1 英里≈1.6 千米）外的楠塔基特岛（Nantucket），并在那里开了一家油漆公司。他接到的第一个活儿是粉刷一家银行。

高中毕业后，汤姆去了布朗大学，在那里他遇到了汤姆·菲尔斯特（Tom First），两人成了商业伙伴，并最终创立了 Nantucket Nectars。简告诉我：

他们还在上大学的时候，就在楠塔基特岛创办了第一家公司——全线服务（AllServe）。公司的宗旨是什么都做：替在船坞没有船位的船只做保养，回收固体废弃物，洗衣，送报纸，捕龙虾——基本上任何人需要的任何事他们都可以代劳。他们把华盛顿特区和布朗大学的朋友都叫来了。他们非常努力地工作。

1989 年，两人大学毕业，在楠塔基特岛定居下来。汤姆大三的时候在西班牙待了一年，他深深爱上了那里的桃子汁。于是男孩们决定开一家果汁公司，并以楠塔基特岛的名字来命名。

汤姆·菲尔斯特的家人简直不敢相信："堂堂布朗大学的毕业生就做这些？"他们想让孩子找一份正经的工作，然后好好过日子。

那个冬天，男孩们一直住在岛上，他们将毕生积蓄都投到公司里。汤姆·菲尔斯特负责具体的业务，而另一个汤姆则专注于市场营销和公关。但公司效益并不怎么样。

大约一年后，汤姆开始思考自己的前途。他的大多数朋友要么在金融领域工作，要么去念法学院或者商学院。汤姆自己也申请了哈佛商学院，并成功被录取。

进入一所知名商学院，未来大概率会在华尔街找一份工作——在当时，这几乎是每个年轻人的梦想。在那个节点，放弃自己已然陷入逆境的事业，转而攻读 MBA 学位无疑是个合理的举动。他的父母也非常激动，特别是他的父亲，作为一名成功的律师，他非常想让汤姆去哈佛念书。他所有同学找到的工作都是那种要求穿正装上班的。放弃 MBA 学位去创业、在家办公——这在当时几乎是闻所未闻的。倘若没有导师的建议，他可能就会走上传统的老路。

随后，汤姆找到了他在布朗大学最尊敬的老师巴雷特·黑兹尔廷（Barrett Hazeltine），同时也是他的导师。汤姆·斯科特和汤姆·菲尔斯特都上过黑兹尔廷院长的创业课程。"他更像是那种思想品德老师，他给予两人极大的信任，帮助他们完善了 Nantucket Nectars 的商业计划。"如今，她的儿子再次向自己的导师寻求意见：

汤姆询问黑兹尔廷院长他是否应该去念哈佛商学院。他的教授回答他说："你在这里做得很好，去念商学院完全是浪费时间，但也不要拒绝——推迟一年，再考虑考虑。记得让哈佛那边知道 Nantucket Nectars 的存在。"

简告诉我，她和丈夫相信黑兹尔廷院长会给孩子们最中肯的建议。于是，他们同意汤姆推迟一年做决定，看看他们那岌岌可危的生意是否还会有转机。

最终，汤姆·斯科特没有离开，但也没有自断后路。"两个汤姆"的故事成为哈佛大学商学院的一个研究案例，每年都有人谈论 Nantucket Nectars。据简称，他们两个只不过是受巴雷特·黑兹尔廷激励的第一批追梦人罢了，他教导他们充满激情地生活，去做自己热爱的事情，要有勇气去尝试些不一样的东西。

在黑兹尔廷院长 75 岁生日那天，曾经的学生们纷纷送上祝福。以下是汤姆·斯科特写给他导师的信：

亲爱的院长：

最近，我刚满 40 岁，有两个孩子和一位出色的妻子。换句话说，我现在也算是个大人了。简单计算一下，我已经步入中年，人生基本已过大半。但有一件事是可以肯定的：对我的人生有过积极和重要影响的人极为有限，而在这份有限的名单上，我会把父母、高中橄榄球教练，还有黑兹尔廷院长置于首位。

生活充满了细节，而能够指引人生的重要道理少之又少，我想，您教会我的是一种非常简单的精神概念，但它的外延却是一系列复杂的品质和情感组合，在您身上我看到了那一切，我无法用语言来形容：不管那是什么，它深深地影响了我。对此，我深表感激。除此之外，您还是非常善良的人，和您待在一起令人倍感舒适。愿我能够将从您那里学到的东西继续传递给我的孩子们。

生日快乐！但更重要的是，谢谢您！

汤姆·斯科特
1989 级

陈艾伦：三位智者

虽然有些孩子只有一位导师，但他 / 她对孩子的成长产生了巨大的影响，而与我交谈过的大多数成功人士及其母亲都提到，在孩子的成长过程中，有好几位不同的导师。

我们在探讨有关竞争（原则二）的章节中介绍过服装公司 Arbitrage 联合创始人、在线广告分销商 Bread 创始人陈艾伦，他向我谈及了三位改变他人生的导师：

> 第一位导师是我的篮球教练。他从所有孩子中选择了我，他信任我，愿意提拔我。大一的时候他就让我在预备队（JV team）打球，这在学校还是头一次，大三我加入校队，所以我当了两年队长。我对自己、对自身能力的认知因此都发生了巨大的变化。

导师可以向你展示，在父母的世界之外，还有一片更加广阔的天地。在另一位导师的帮助下，艾伦意识到自己没有必要成为一名医生：

> 我之所以能够成功地创立自己的公司，受第二位导师克雷格·弗朗西斯（Craig Frances）的影响更大一些。我是在康奈尔大学念大三那年夏天认识他的。我原本未来打算当一名医生。我父母和姐姐都是医生，所以一直以来我的压力都很大，因为只有成绩优异的人才能去念医学院。
>
> 高中时，我的成绩一直名列前茅，在康奈尔大学念书时我的平均成绩是 3.9 分，优秀学生名单上有我的名字。当医生要面对的压力真的很大，但我也承认，那种想要脱颖而出的决心也是促使我创业的驱动力之一。
>
> 念完大三，我已经有资格进医学院了，与此同时，我开始对商业产生兴趣。
>
> 我想我可以一边当医生一边做生意。我自学了一些关于风险投资和私募股权的知识，我觉得这很有意思。我用谷歌搜索了在这些领域工作的康奈尔校友们，然后给八家公司写了电子邮件，附带我的简历。其中两家回复了我，而只有一家通知我去面试。
>
> 克雷格雇我做暑期实习生，那段经历对我的人生产生了巨大的影响。

他是私募股权公司 Summit Partners 医疗保健和消费产品部的负责人，投资过医院。他也念过医学院，甚至还当过医生，但最终选择辞职经商。他对我说："如果你想经商，就不要浪费时间和金钱去上医学院。"我听从了他的建议。

如果是来自父母或老师的建议，那它可能意义不大。但因为它是来自一位导师，并且艾伦曾设想过的道路他早已走过一遍，因而更具启迪效果。

艾伦接着跟我谈起了他的第三位导师，一位房地产开发商，是那年夏天他交的女朋友的父亲：

> 我看到他能够很好地平衡生活与工作，比医生要好得多，我也希望过那样的日子。于是我决定创业，放弃当医生。首先，我告诉父母，我要推迟上医学院的时间，因为我想要创办我的第一家公司。一年之后，他们发现苗头不对，但也只能接受。

"如果我没有遇到这三个人，"艾伦坦言，"我今天大概率会成为一名医生。"儿子能当医生对于大多数父母来说恐怕是梦寐以求的事，我也相信艾伦会成为一名出色的医生。但如此一来，想必他会一直记挂着经商。放弃追求梦想，失去的到底是什么？得益于导师们的鼓励，他做出了正确的选择。

母亲要做些什么？

最好的导师往往是孩子们自己找到的。毕竟，正如我们所看到的，导师之所以很重要，一部分原因就在于他们不是家长！对于年轻人来说，得到导师的关注意味着那些对他没有抚养义务的大人认为他有潜力，值得他们花时间去培养，而他们也确实可以提供一些特别的东西。

但这并不意味着你不能帮助孩子同导师建立联系，例如鼓励孩子接触他所热衷的那些领域中的成功人士，你可以提出具体的建议，但注意，不要仅仅局限于你自己欣赏的人。导师之所以能够成为通向成年人世界的一座桥梁，原因之一便在于他们为孩子提供了与家长看待事物不同的视角。尽管这并不容易做到，但你要相信孩子能够从这些不同的视角中受益，因为它有助于孩子构建自身的价值观，并在今后的人生中不断予以完善。

原则五

信任孩子，让孩子
变得更自信

我记得在《华盛顿邮报》上读到过一篇关于篮球明星亚历克斯·莱恩（Alex Len）的报道，他来自乌克兰的一个煤矿小镇，毕业于马里兰大学，一路打进 NBA。镇子上的人多半一事无成，但他小时候经常梦想着在麦迪逊广场花园打球。"你一定可以做到"，母亲对他说道，"我知道你可以，梦想可以成真。"

　　这便是关键所在：一位信赖你的母亲，她教导你，只要下定决心，你将无所不能。如果说所有这些年轻的成功人士们都有一个共同点的话，那就是有人相信他们，而那个人通常是他们的母亲。当然，很多人的父亲（或者阿姨、叔叔、继父母或祖父母）也能做到这一点。另外，我敢说，一定也有些成功人士排除万难取得成功，却从未自父母处获得过信赖——只不过我尚未遇见他们。

　　本书中介绍的所有成功人士都非常自信。每个人的母亲——或者说基本上全家人——都相信他们，支持他们的选择。他们都对我说："因为母亲相信我，所以我也相信我自己。"他们并不惧怕尝试，也不害怕失败。哪怕概率再小，他们每个人都笃定能够实现自己的抱负。

　　孩子们都不傻，他们听得出客套话和真心实意的赞赏之间的区别。

　　《终身成长：重新定义成功的思维模式》（*Mind：The New Psychology of Success*）一书的作者、心理学家卡罗尔·德韦克指出，当孩子因为他们所做的事而受到表扬，而非某些固有特质，例如聪明、美丽或有才华，他们会加倍努力工作，继而取得更大的成就。

　　如果所在团队中的每个人都拿到了奖杯，那么你的女儿就不会获得自信。而就算你同老师争辩认为孩子应该得更高的分数，但倘若他自身实力不达标，也谈不上增强自信心。自知未能竭尽全力，就算被表扬也无助于他们挺起胸膛。唯有努力比上一次做得更好、掌握了自己感兴趣的技能、看到自己的付出有所回报，孩子才会变得自信起来。而作为家长，则要对他们所取得的成就感到骄傲和自豪，即便他们崭露头角的那些领域未必是你所乐见的，这同样是帮助孩子建立自信的方式。

孩子需要你的信任

对于大多数孩子而言，要相信自己，得有人先相信他们。我采访过的每一位成功人士都非常自信，这也许不是巧合。他们每一个人的母亲和／或其他家庭成员都相信他们，并教导他们，只要下定决心，你可以做自己想做的任何事。

迈克尔·塞勒：镇上最好的报童

迈克尔·塞勒（Michael Saylor）是"微战略"（MicroStrategy）的创始人兼首席执行官，该软件公司的年收入超过 5 亿美元。此外，他还建立了塞勒基金会（Saylor Foundation），提供免费的在线教育，并著有《移动浪潮》（*The Mobile Wave*）一书，探讨计算机技术的下一个阶段。

本书介绍的成功者们来自不同的社会经济背景。显然迈克尔不是含着金汤匙出生的。他在俄亥俄州长大，有一个姐姐和一个弟弟。迈克尔是高中毕业生优秀代表，拿着陆军后备军官训练队大学奖学金（ROTC scholarship）就读麻省理工学院。他在家里排行老二，但另外两个孩子并没有在某一领域做出突出成绩。再一次，我们发现，你无法将孩子打造成一名成功人士，你只能培养他们去勇敢追求梦想的意愿。

在采访迈克尔时，我问他从母亲菲利斯（Phyllis）那里学到了什么：

> 照理说，我是不可能成功的。我出生于一个贫穷的南方浸信会家庭，在我老家俄亥俄州那个小镇上，基本上就算是被三振出局了。但母亲教导我，我可以做任何事。
>
> 我上七年级的时候给人送报。那年夏天，镇上举办了一场最佳报童比赛。

我当时没有意识到参赛的一共只有 20 多个人，但母亲告诉我，只要我赢得了那场比赛，我就是全世界最棒的报童。所以，八年级开始的时候，我简直自信爆棚：我可是全世界最棒的报童，我将无所不能！

针对同样的情形，不同的父母会有各自的解读。打个比方，假使一道闪电差点击中你，父母可能会有以下三种截然不同的反应：

"闪电差点击中你。你也太倒霉了。万幸这次没什么事儿。"

"闪电差点击中你。你是一个幸运的人。你总是能走运避开这些事，你这辈子一定福星高照。"

"闪电差点击中你。但是神救了你，因为他还有重要的事等着你去完成。"

每一种反应都会以不同的方式影响你。父母的话会决定你成长为一个怎样的人。无论如何，我知道我可以做任何事，因为她是这么告诉我的。她相信我，所以我也相信我自己。

迈克尔提出了一个很棒的观点，但我认为家长还可以有其他方式的应答，比如：

"你将自己置于非常危险的境地。你是怎么想的？"

"你为什么要在雷雨天外出？"

"你从这次经历中学到了什么，下次在评估风险时会有所改变吗？"

"显然你在最后一刻做了明智的决定，那救了你的命。比如，你没有选择站在树底下。你当时脑子里在想什么？"

"你是如何决定自己要采取什么行动的？"

"在危急关头做出明智的决定，你是怎么做到的？"

提一些有深度的问题表明你尊重孩子的判断，这有助于构建自信。鼓励孩子做明智的选择，并赞赏他们的做法。通过教导他们如何管理风险、在面对不同可能性时依据相应的结果来权衡取舍，这同样是打造自信心的方式。邀请他们回答你的问题，而不是告诉他们该怎么做，这有利于培养他们的学习能力。对家长们来说，最重要的是：指导孩子如何做选择，赞赏他们的分析，并勉励其能够坚持自己的决定。

杰西卡·杰克利：学习全球化思维

杰西卡·杰克利（Jessica Jackley）是小额贷款行业的先行者，Kiva 的联合创始人。自 2005 年以来，在线贷款平台 Kiva 一直致力于通过向发展中国家小企业提供低至 25 美元的贷款来消除贫困。截至目前，Kiva 累计向美国境外 32.5 万多名陷入逆境的创业者提供了价值 7.5 亿美元的小额贷款。2006 年，创意挖掘网站 Springwise 评选 Kiva 为年度十大金融服务创意之一。随后，杰西卡与他人一同创立了在线众筹平台 ProFounder，为美国小企业创业者筹集启动资金。

杰西卡拥有斯坦福大学工商管理学硕士学位，是慈善和公民社会中心的客座专家，并在南加州大学商学院教授全球创业课程，出任一众董事会成员，常年在非洲工作。

杰西卡在匹兹堡郊外长大，还有个弟弟，如今在老家附近的教堂当牧师。杰西卡已经结婚，有三个年幼的儿子，其中有两个是双胞胎。

杰西卡向我讲述了关于她母亲的事：

> 每天，母亲都在帮我树立信心。她经常教导我说，我可以做自己想做的任何事，当不同的机会出现在我面前时（包括有机会去领导他人），父母会同我详细探讨，他们会鼓励我去追求那些东西。
>
> 此外，母亲还教导我要热爱学习。作为一名教育工作者，她在这方面极具天赋，她将这份热爱灌输给了无数的孩子，同时也将其带进了我们家内部，影响着我们的一言一行。
>
> 我们的生活一点儿也不无聊。我们经常一起学习、一起做游戏、一起探索世界或者偶尔冒个险。
>
> 在我看来，积极主动地去发现机会将我引向了成功之路。

杰西卡之所以能够成功，父亲同样功不可没。杰西卡告诉我，上高中期间，父亲每学期开始前都会找她谈一次话，他们会一起为新学年选择一个课题，例如"保持冷静"或"问正确的问题"。如今，她意识到，这些类似于"使命宣言的预演"让她学会了如何有针对性地去完成不同的项目。在创办 Kiva 时，她借鉴了以往的经验，为其构思了一个使命宣言：通过贷款将人与人联结起来，摆脱贫困。而正是这一点定义了整个组织，令其脱颖而出，走向成功。

再一次，我们看到父母一个微小的举动如何给孩子带来深远的影响。正因为父母鼓励杰西卡去尝试新事物，并相信她可以做出一番成就，如今，她同样致力于为无数崭露头角的创业者们提供帮助，帮助他们实现自己的梦想，最开始是发展中国家的创业者，现在则是美国的创业者。

塔尼亚·尤琪：被鼓励要保持好奇心

你不一定非要看到什么证据才相信孩子的能力，你甚至不需要刻意去这么做。在某些情况下，对孩子能力的"合理信赖"，还不及一位母亲对待生活的态度来得更加重要。

塔尼亚·尤琪（Tania Yuki）是澳大利亚人，职业是律师，同时也是 Shareablee 的创始人兼首席执行官，这家公司的主营业务是通过分析脸书和推特的有效做法，帮助企业通过社交媒体渠道完善与客户的沟通。

塔尼亚向我讲述了她的人生旅程：

毫无疑问，我能够成功离不开父母的影响。我一直相信自己无论做任何事都可以成功，这是关键。现在回过头看，我有这种想法，并不是因为母亲发现了我的特别之处，而是源自她积极乐观的生活态度。

我会这么想是因为我觉得我的狗很蠢，但最近我听到母亲雪子（Yukiko）说："比利真的很聪明。"我惊讶道："妈妈！你真的觉得它聪明，还是只是说说而已？因为显然比利并不聪明！"基于她对比利的看法，我不知道她在判断我的智商高低时是否有什么依据。不过那其实也不重要，重要的是我在成长过程中一直相信她的话。

我一直相信自己能够成功，我对此深信不疑。而正因为有这样的信念，我更加笃定自己可以做一番大事。我相信我的想法不会有错，所以我要努力实现它们，我一定会成功。

除此之外，塔尼亚从小就很清楚，好奇心并不代表危险：

从小，我的字典里就没有"不"这个字。我最早的记忆之一是4岁的时候，和父亲安特（Ante）在一家类似蒂芙尼那种高端礼品店，店里摆着很多易碎的东西，旁边有"禁止触摸"的标示，但我还是把所有商品挨个摸了一遍。这时，店员走过来从我手里抢走了什么东西。我至今仍清楚地记得那一刻，因为我害怕自己会遇到麻烦，她的表情很吓人，而我年纪又太小了。我望向父亲，他瞪着那个女人道："她只不过是好奇罢了，如果她打碎什么东西，我会赔钱的！"

塔尼亚告诉我，这段早期的经历直接帮助她建立了自信：

那一刻，我知道父母会永远信任我，永远支持我。对于我好奇的东西，他们从来没有任何理由去阻止。他们不想令我觉得自己被限制住了，或者有些事我做不到。我从不认为要为自己的好奇付出代价。如今，每当我听见有人说"不"，便会一直推进，直到我听见"可以"或者至少是"可能"。那一刻真正开启了我的旅程。

同样地，那段记忆在她毕业后来到美国也帮了大忙。她告诉我，她觉得自己患有多动症，虽然没做过正规检查，但所有症状她都有，例如容易感到无聊、喜欢同时做很多事情以及需要大量的刺激。她发现这个问题的时候身在纽约，作为一名电影制片人，她拍摄了一部纪录片。她开始涉足数字媒体和数据领域，后来创办了自己的公司：

刚开始创业时，从父母那里获得的自信和信赖非常重要，而当事业越做越大，我独自来到美国，一个人也不认识，那份自信和信赖更是尤为关键。

如今，这位成功的企业创始人将她勇于尝试、无所畏惧和坚定的自信归功于 4 岁时发生的一个小插曲。而她的经历告诉我们，要让孩子们知道你是相信他们的，并且越早越好。

所以，家长们，不要等到孩子上高中后才开始培养孩子对工作的态度，也许早在那之前一切就都已经注定了。

让孩子学会独立

那些能够开创某项事业的人往往热爱冒险，但他们并非全部生来如此。许多人在成长过程中并不缺乏基本的安全感，所以对于他们来说，即便冒险失败，也不意味着世界末日。倘若一开始没有打下坚实的基础，你很难会有跨越式的发展。倘若孩子有一个强有力且充满安全感的家庭基础，父母能够给予其信任，那么结果将是惊人的。赋予其责任感，孩子们就会意识到他们可以承担重要的工作，而欣喜于这一发现，并想要反复去体验的人，未来极有可能会成长为一名勇敢的开拓者。

苏珊和安妮·沃西基：你能做到

苏珊·沃西基（Susan Wojcicki）是三姐妹中年纪最大的，妹妹安妮（Anne）则是最小的，排行第二的珍妮特（Janet）是一名儿科医生。

她们住在斯坦福大学的校园里，父亲斯坦利（Stanley）是物理学教授，谷歌就是在他们家的车库里创立的。

苏珊和安妮是全美最成功的两位创业者。苏珊是谷歌的第一任营销经理，她说服谷歌董事会收购了油管（YouTube），并于 2014 年出任首席执行官，同年，《福布斯》杂志将其列入"最有影响力的 100 位女性"名单，位居第

12 名。安妮与谷歌联合创始人谢尔盖·布林（Sergey Brin）结婚 8 年，她辞去医疗保健分析和生物技术投资的工作，经过 6 年的研究，与他人共同创立了个人基因组和生物技术公司 23andMe，公司以人类细胞中染色体对的数量命名。2013 年，《快公司》（*Fast Company*）杂志评选安妮·沃西基为"最大胆的首席执行官"。

她们的母亲埃丝特·沃西基（Esther Wojcicki）为女儿们树立了绝佳的榜样。她是家里第一个上大学的人，后来成为一名记者，在帕洛阿尔托高中（Palo Alto High School）教了 30 多年的新闻，将该课程打造成为全美最大的项目之一，并当选"加州年度教师"；她启迪了数百名学生，其中包括演员詹姆斯·弗兰科（James Franco），后者曾一度回到母校和她一起授课；她还著有一本畅销书《教育中的登月计划》（*Moonshots in Education*）。

当我和埃丝特谈起她那了不起的一家子时，显然，她给孩子们打造了稳固的家庭基础，在成长过程中，给予她们信任，培养她们独立。因为埃丝特一直在工作，所以孩子必须学会自立，他们很清楚，母亲信任她们会对自己的行为负责。她告诉我，成功的关键在于培养一种独特的心态："只要你觉得自己行，你就能够成功。只要你觉得自己有能力去做一件事，那就行动起来。"

在接受《公司》杂志采访时，安妮坦言，她之所以能够获得成功，母亲的影响居功至伟。"毫无疑问，对我影响最大的就是她说的一句话：'尽管去做，一切尽在你的掌控。'"

在埃丝特看来，沃西基家的女孩们享有的那种自由，却是一些父母，尤其是今天的父母，想要极力避免的：

> 我本身就很独立，所以很早我就给了孩子们极大的自由。4 年里我有了三个孩子，因为没人帮忙，所以她们全部都得干活，例如，我们那会儿用的是布尿布，所以女孩们负责叠尿布。虽然这对她们来说好像是游戏，但孩子们同时也很清楚她们帮了家里的忙。
>
> 我们的房子有两层，那时候还没有婴儿监控设备这种东西，所以每当 6 个月大的孩子开始哭的时候，2 岁的那个就要下楼来找我。因此她们很早

就学会了什么是责任。

等最大的两个孩子到了 5 岁和 3 岁，我们在日内瓦住了一年，她们会步行去面包房买面包。

她们走下 6 楼，绕过拐角，不需要穿过街道，到店里付钱买面包，然后回家。5 岁的时候她们就可以步行去学校了。我最初送过她们几次，但之后她们就完全靠自己了。

我们谈到了当下有关"望子成龙式父母"和"放养式父母"的争论，以及两个马里兰州的孩子（一个 6 岁，一个 10 岁）被警察带走，因为邻居看到他们独自从离小区公园几条街的地方走回家。多年来，我第一次回忆起，上小学的时候，我都是自己步行往返；我和哥哥每晚都会出去玩，并且家长告诉我们要等路灯亮了再回家。

埃丝特道："如今，还是同样的地方，走路去学校一点问题也没有，但家长不会再让孩子这么做了。他们对世界的看法改变了。我小时候每天独自步行 1.5 英里去上学，我觉得那很棒。"她继续道：

我们家人之间的关系非常亲密，但同时，我也会给她们很大的自由。我会让七八岁的孩子骑车好几英里到伍尔沃斯（Woolworth，澳洲著名连锁超市），花她们的 1 美元零用钱。她们非常喜欢那种自由感，同时我认为这也有助于她们建立起自信。我母亲住在洛杉矶，所以我会把 5 岁的女儿送上飞机去看望她，只在孩子脖子上挂一块名签。等到苏珊 12 岁、珍妮特 11 岁的时候，她们完全可以独自从肯尼迪国际机场飞去日内瓦了。她们已经和我们一起旅行过很多次，所以并不害怕。如今，所有家长都害怕孩子单独坐飞机，我觉得那实在令人羞愧。但即便你做不到像我一样给予我女儿们如此大的自由，至少你可以给孩子在家里找点力所能及的事情做，帮家里的忙。例如交代给他们一些家务，以培养其责任心和自信心。

埃丝特坦言，即便是她也未能全然意识到对一个孩子来说，信赖感是多么难得和强大：

> 当我被授予加州年度教师称号时，我思考了很长时间，自己所做的事情究竟有什么了不起的地方。随后我意识到，就像对我自己的孩子那样，最重要的是我信任我的学生，而许多学生在别处根本无法获得信任。
>
> 我教导他们如何采取行动，并且我相信他们可以做到。我向他们传达了这样的信息："你可以做到，如果失败，没关系，再试一次，但记住，你可以做到，除此之外，没什么其他可说的。"当然，偶尔他们也会把事情搞砸，但那又如何？无论是我的孩子还是学生们都很清楚，失败没关系，只要继续尝试，最终他们会把事情做好。

我发现很有意思的一点是，本章节中提及的大多数家庭，之所以选择放任孩子独立，部分原因出自她们并非全职妈妈。

近期，哈佛商学院教授凯瑟琳·麦吉恩（Kathleen McGinn）对来自 25 个国家的 5 万人进行了调查研究，结果发现，相较于全职妈妈，职场妈妈抚养出来的女儿平均受教育程度更高，更容易找到工作以及担任管理职位，收入也相对更优渥。而在美国尤其如此，职场妈妈培养出来的女儿收入要高出 23%。

在作者看来："职场妈妈会怀抱有这样的愧疚：'哦，如果我待在家里，孩子们会过得更好。'但我们在对孩子成年后状态的研究当中发现，倘若女性多花一些时间在工作上，孩子未来会更加出色。"

到此，我们有理由推断，本章中介绍的这些成功人士为何在年幼时就能力出众，并充满自信，而等他们长大成人后这些特质依旧没有改变。所以职场妈妈们大可振作起来：你们的孩子会过得很好。

卡罗丽娜·库尔科娃：模特是如何养成的

卡罗丽娜·库尔科娃（Karolina Kurkova）是一位超模，到 31 岁时已经累计 25 次登上《时尚》杂志封面，当选 MTV 年度模特，在好莱坞星光大道上拥有属于自己的一颗星星。

但卡罗丽娜并非空有一张好看的皮囊，通过 AmFar 和 Feeding America 等机构，她致力于为儿童谋福祉，并代表 Injured Marine Semper Fi Fund 基金会和"伤兵援助计划"（Wounded Warriors）等组织开展工作。丈夫阿奇·德鲁里（Archie Drury）是一位投资人，他们的大儿子今年 5 岁，老二刚刚出生。

卡罗丽娜出生于捷克斯洛伐克，有一个弟弟。父亲约瑟夫·库尔卡（Josef Kurka）既是一名职业篮球运动员，同时还是一名警察，当时就连球星也有自己的日常工作。母亲伊娃（Eva）是一位艺术家，在卡罗丽娜小的时候，她在一家银行做兼职；弟弟约瑟夫一边工作一边念研究生。家人们至今仍住在捷克共和国。

卡罗丽娜告诉我：

> 父母的成长环境非常传统、严苛，虽然他们自己对不喜欢的教育方式做出了妥协，但轮到抚养自己的子女时，他们进行了改变。他们非常信赖我们，给了我们很大的自由。他们想要让我们体验一切，告诉我们不要惧怕同任何人讲话。那时候虽然规矩很多，但我们也有很大的自由去探索自己喜欢的东西，明确自己想要成为怎样的人。他们希望我们能够掌握赖以生存的技能。

她告诉我，看父亲打篮球令她成长为一个动力十足的人：

> 每周末我们都会去看他的比赛。他希望我们学会遵守纪律、保持热情、努力工作以及团队协作。
>
> 但他并没有强迫我们必须参加运动。对于喜欢的东西，父母一直希望我们能有自己的想法，而不是遵循他们的老路。
>
> 我从 6 岁开始接受职业体操训练，一直到 13 岁。为了参加节目，我要试镜，所以每天上学之前和放学之后我都会训练好几个小时。对此我非常热衷。我学会了努力工作、保持专注和投入，以及要有坚强的意志。我想要做到最好。我学会了同比我优秀的人竞争，这对我来说很重要。
>
> 父母从不逼迫我做任何事。我所做的一切都源自我内心的想法和决心，

但他们对待工作的态度深深地影响了我。后来，因为长得太高，所以我开始打篮球，两年后，我当起了模特。

无论卡罗丽娜想做什么，父母都非常支持她，并给予她相当大的自主权：

> 五六岁的时候，我就自己步行去学校，自己乘公共汽车。我很快就长大了，也一直非常有责任心，我会接弟弟放学，照看他直到母亲回家。我还会帮忙做家务、洗碗和清理房间。

周末，当全家去看望祖父母时，她得到的自由空间就更大了。"我们自由地奔跑在乡间，毫无拘束。"她如是说。

卡罗丽娜16岁开始全职做模特，经常要去世界各地。她坦言，这并不是父母所乐见的，但他们也并未阻止，因为那是女儿想要的生活。"他们说：'如果你尝试过，然后发现自己喜欢，你愿意为之努力，并觉得这就是你想要的，那么我们就会支持你。'"卡罗丽娜回忆道。17岁时，她独自一人启程前往纽约追求自己的模特事业，只用了两年便登上了《时尚》杂志的封面。

卡罗丽娜的父母仍住在她出生的小镇上，那里没有多少机会。而据她的观察：

> 父母允许我满世界地跑，去寻找机会，那种他们不曾拥有过的机会。他们是如此信赖我。如今，我也有了自己的孩子，我才意识到他们选择放手让我离开是多么不容易。

D.A. 瓦拉赫：选择的自由

罗谢尔·拉姆（Rochelle Lamm）是另一位职场妈妈，她的儿子自信且独立，但相较于其他职场妈妈，她在抚养孩子方面更加亲力亲为。她的儿子D.A. 瓦拉赫（即大卫·安德鲁·瓦拉赫）曾是广受追捧的Chester French乐队成员之一，该乐队是他在大学时代和马克斯·德拉梅（Max Drummey）共同创立的。

Chester French 是最早使用脸书进行宣传和组织粉丝互动的乐队之一，因为在马克·扎克伯格（Mark Zuckerberg）创建脸书时，两位成员正巧都在哈佛念书。如今，除发行了好评如潮的个人专辑《时光机》（*Time Machine*）外，D.A. 瓦拉赫还投资科技初创企业，针对社交媒体渠道营销提供专业建议。此外，他还是流媒体音乐平台"声破天"（Spotify）的入驻艺术家，指导 10 位音乐大使同全球各地的艺术家建立联系。2011 年，《福布斯》杂志将其列入"30 岁以下成功创业者 30 人"名单；2013 年，《快公司》杂志提名他入选"100 位年度最具创意的商业人士"名单。

D.A. 同父异母的哥哥比他大 20 岁，已经结婚生子，还有一个比他小 10 岁的妹妹，正在念大学。所以 10 岁之前，他是家里唯一的孩子。父母离婚后，整个初中和高中时代家里就只有他和母亲两人。

罗谢尔告诉我，她在加拿大的一个小镇长大，父母至今仍经营着一间专供狩猎和钓鱼的大型乡村旅馆。

长大后，她成为一名修女，但随即离开修道院去念大学。为避免在工作中遭遇性别歧视，她决定在销售领域干出一番成绩，因为谁卖得最多，谁就能独占鳌头。她一步步晋升，最终成为两家共同基金公司的首席执行官，后来又创办了自己的公司。

罗谢尔是一位充满激情的成功高管，她工作非常努力，经常出差，她希望 D.A. 能够青出于蓝。她告诉我，D.A. 非常聪明，读过很多书，经常和大人们交谈，还会和她一起出差。

三年级时，他开始对投资感兴趣，于是，她给他开了一个账户，汇入 5000 美元，并告诉他可以自由支配这笔钱。对于自己要投资些什么东西，及其背后的逻辑，她希望 D.A. 能够好好想清楚。于是，D.A. 开始花大量的时间研究公司状况，阅读季度报告。他们会一起讨论他选择的公司，她会给出自己的意见，但最终的决定权还在 D.A. 手上。他们投资过卫星技术和电动摩托车制造领域的高风险公司。6 年时间里，他损失了大部分钱，但罗谢尔告诉他，失败也是学习过程的一部分。这也为他日后进入风险投资行当提供了宝贵的经验。诚然，并非每一位父母都可以花 5000 美元让孩子了解投资是什么，但罗谢尔培养孩子能力的方式却无须任何金钱开销：同他一起分析、讨论并就某些选择进行辩论，将他视为一个成年人来对待，把决定权交给他，教导他就算失败也不要气馁。

罗谢尔告诉我，D.A. 没什么运动天赋。他尝试过很多种运动，但有一天，他对母亲说："我真的不行。"她也接受了，于是 D.A. 开始将注意力转向自己擅长的领域。比如他一直很喜欢表演，上小学的时候他一直在表演魔术。他的学习成绩也一直很好。

而当 D.A. 的某些行为举止不受欢迎时，罗谢尔依旧选择支持他：

> 高三时，他觉得学校提供的课程缺乏多样性，为此他进行了宣传活动。
>
> 学校方面很不高兴，但他不怕承担后果。校长责令他停止活动，但我告诉他，只要他想做，就继续；我告诉他他可以处理这个问题，所以我从不干涉。
>
> 我经常鼓励他去冒险。第二年，他和五个朋友连同一位家长一起去印度待了 8 个星期。在我看来，学会承担风险，有助于他在未来面对生活和商业领域中的挑战，在别人迟疑时，他就会采取行动。
>
> "9•11"事件后，他即将高中毕业，关于毕业舞会，他并不想办得太张扬。他觉得在上头花太多钱不合适，比如租借豪华轿车和乡村俱乐部。他想整个班级可以节省下来 2 万美元捐赠给遇难者家属。许多家长气势汹汹地给他打电话称："你毁了整个毕业舞会！"我们就此事进行了探讨，我告诉他，只管做你觉得应该做的事。虽然他并没有完全成功，但多少也节省下来了一些钱捐了出去。
>
> D.A. 在高中爵士乐队担任打击乐手，念哈佛时主修非裔美国人研究。有一天我接到一个电话："妈妈，我加入乐队了！我们有四个人，还找到了一个鼓手！"我说："但你是个鼓手啊，那你现在做什么？"他答道："我是主唱。""可你不会唱歌啊！"

但他非常幸运。他们发行了一张 CD，乐队在他大四的时候一举成名，新视镜唱片公司（Interscope）的瑞尔·威廉姆斯（Pharrell Williams）签下了他。

罗谢尔告诉我，她曾建议 D.A. 不要那么早当一名全职音乐人，不如先去高盛公司积累一些经验。但他只是笑，并未同意。她支持了他的选择，而最终，事实证明，他的决定是对的：

> 我并不指望他会同意我的意见。我很清楚，尊重他的判断很重要。我甚至想要让他犯错，然后从错误中吸取教训。我知道他什么时候会犯错，但从中他也会学到很多东西。

Lady Gaga 成名之前，Chester French 乐队曾为她做过开场表演。大多数乐队不会这么快取得成功。但 D.A. 的例子告诉我们，放手让孩子去追求自己的兴趣爱好，他们可能会因此踏上一条家长们无法想象的职业道路。

凯西·罗斯－杜凯：付诸行动

凯西·罗斯－杜凯（Kathy Roth-Douquet）是美国海军陆战队队员的妻子，曾担任比尔·克林顿总统的助手，是非营利性组织蓝星家庭（Blue Star Families）联合创始人兼首席执行官，为近 100 万家庭提供了 2500 万小时社区志愿服务。此外，凯西还是一名律师和政治活动家，同他人合著有两本书。

凯西告诉我，现在，她正在抚养自己的两个孩子，她意识到，即便你做错了很多事情也没关系，只要在关键的几点上不含糊，就像她母亲那样：

> 最重要的是，我知道她真的很爱我，能够成为我的母亲她感到非常幸运，我一直很清楚这一点。但凡我愿意讲的，她都愿意听；但凡我想要做的，她都愿意陪我一起去做。

高中时她想到南非大使馆门口抗议种族隔离制度。虽然母亲黛比（Debbie）不是那种会参加抗议的人，但她不仅支持凯西，还和她一起去了大使馆：

> 在母亲看来，如果我想做某件事，一定有什么原因，只要是我觉得重

要的事，就一定有它的深意。所以，她和我一起去了大使馆，当然，我们俩也一起被捕了。

不仅仅是嘴上说，你的行动亦要向女儿展示出，她的想法很重要，她做的事情也是有意义的，这才是信赖的终极表达。而这最终无疑给了凯西自立门户的信心。

迈克尔·什科尔尼克：他们任我自由飞翔

信赖孩子，培养他们的独立性，有时候并不是父母为帮助其建立自信而故意为之，也可能仅仅是家庭环境导致的，但这同样重要。

迈克尔·什科尔尼克（Michael Skolnik）是一位民权活动家和电影制作人，领导了关于种族和暴力话题的全国性大讨论，同时也是 Dot2Dot 联合创始人，Dot2Dot 是专为关心时事的年轻领导者们举办的年度峰会。此外，迈克尔还同罗素·西蒙斯（Russell Simmons）联合创办了娱乐和生活方式网站 GlobalGrind.com，并担任总裁，网站月均浏览量达 500 万次。我采访过的这些成功人士之间主要的不同之一便是在成长过程中被给予了不同程度的自由（相较于监督）。我不得不承认，我是属于管得比较多的那种母亲，而迈克尔的经历无疑代表着另一个极端。

迈克尔和哥哥在纽约州富裕的韦斯特切斯特县（Westchester）长大，父亲是一名建筑经理和工程师，他的大多数亲戚也都是工程师，所以他原本也是要踏上同样的道路的。

迈克尔的哥哥比他大两岁半，是塔普鲁特基金会（Taproot Foundation）华盛顿特区办公室的负责人。母亲从事过的职业则五花八门：厨师、面包店经理、水管工、摄影师、编辑、营养师和博物馆馆长。父母只要有空闲就会参加艺术活动，或在社区剧院演出。

因为迈克尔的父母工作太忙，他得到的自由可能很多孩子都无法想象。对于那些总是日程满满而错过孩子许多活动的家长来说，迈克尔的经历应该会令他们释怀：相较于全职妈妈抚养的孩子，他们的孩子不见得就会被比下去。

迈克尔告诉我，尽管父母不常陪在他身边，但情感上的支持从不会缺席：

我从母亲那里了解到什么是自信，她无所不能。她怀我的时候还是艺术系的学生，和安塞尔·亚当斯（Ansel Adams）一起学习摄影。我们家里有个暗室。

父母对政治很感兴趣。父亲参加了1968年的芝加哥抗议游行。母亲在南方长大，曾坐在公交车顶上参加抗议活动。

我小时候拍过广告，我喜欢戏剧。14岁时，我给50位百老汇剧院的总经理和制片人写信，问他们是否可以给我一个实习机会，其中49个人拒绝了我，但蓝人乐团的总经理同意了。

父母对我说："我们百分之百支持你，但我们无法提供帮助。我们都有工作，不能每天花一个小时接送你往返城里。"

我最好的朋友家在城里有一套公寓，他们只在周末住，所以我独自在那儿度过了一个夏天。

14岁的时候，父母就允许我独自生活去追求梦想，他们非常信任我，放心我一个人住在纽约的一间公寓里。我也非常珍视他们的信赖。

我还在中央公园的夏季剧院"公园里的莎士比亚"（Shakespeare in the Park）找了份引座员的活计，每晚和周末工作。一起做事的还有35个黑人和拉丁裔孩子，我是唯一的白人小孩。这段经历可以说塑造了我的人生，塑造了我对自己、对有关种族和特权问题的看法。

整个高中4年，每到周末和暑假我都在城里和家之间往返奔波，其间我一直在蓝人乐团工作。

18岁的时候，我和迈克尔·摩尔（Michael Moore）合作写了他的第一本书。

我父母在韦斯特切斯特的朋友都说，这么放任我简直是疯了。那会儿正值90年代中期，嘻哈音乐刚刚兴起，第一次在美国郊区流行。我认识的大多数父母都很担心，而我的父母正好相反，他们说："只管去试试！"

迈克尔告诉我,他时常觉得自己像是离了水的鱼儿,高中生活让他很不适应,他不再是那个同纽约黑人和拉丁裔孩子们住在一起的韦斯特切斯特白人男孩儿,而是一位痴迷嘻哈音乐的乡下橄榄球运动员。但尽管父母时常不在身边,他们一直给予他支持:

> 　　无论我做什么,父母都支持我。他们从未质疑我踏出的每一步。
>
> 　　在我看来,毫无疑问,放任我自由地飞翔是我如今能够取得成功的重要原因之一。我今年35岁,但已经工作了21年。
>
> 　　父母究竟放任我自由长大到什么地步,还有一个生动的例子。高中的时候我参加了校篮球队,学期末一位母亲给我妈妈打电话邀请道:"我们要准备全队的学期末百乐餐(potluck dinner,每人自带一个菜的家庭聚会),你打算带些什么食物过来?"
>
> 　　而我母亲的反应则是:"什么,迈克尔在打篮球?"
>
> 　　并不是说她不在乎,而是她真的太忙了,所以她放任我自由地成长。我并不怨恨她,相反,我非常珍惜我的自由。
>
> 　　我一直相信母亲会在我身后支持我,她不想我失败,她想要让我展翅飞翔。
>
> 　　其实父母在抚养我的过程中是冒了很大的风险的。就好比是掷骰子,好在赢了。到底是不是该给所有年纪这么小的孩子如此大的自由,让他们学会独立,我并不确定,但至少这种方式对我是有效的。得益于父母的信赖,我比同龄人成熟得更早,如果我遵循的是"一般"的成长轨迹,也许要等到10年之后才能取得如今事业上的成功。

为孩子挺身而出

　　你给孩子们的自由越多,他们就越有可能在做事的方式上与他人发生冲突。

而当这种情况发生时，一定要有人教导他们，不必害怕冲突，挑战传统的思维和做事方式无可指摘。

我采访过的许多母亲和成功人士都谈及了在教育子女中要将给予自由和提供支持结合起来。缺乏支持的自由对于孩子来说同冷漠无异；而没有自由，就算支持也会让人感觉处处受限。唯有将两者结合起来，孩子们才会变得自信，想要去追求自己的梦想。对于孩子来说，构建自信的最佳途径无疑是看到父母为其挺身而出。

继而，孩子也会学着为自己而战。他们从小便懂得如何争取切身利益，等日后踏入各自热爱的领域时，就会为了自己的愿景、组织挺身而出。给予孩子支持不仅有助于培养孩子的自信，同时，你也树立了榜样，教导孩子在有需要时如何给予他人支持。这是一名优秀雇主所应具备的能力：鼓励下属自主去尝试，当员工犯错时避免大发雷霆，在需要时伸出援手。这一点在与投资者、客户、消费者和董事会成员打交道时也非常重要。它是心理学家罗伯特·斯滕伯格（Robert Sternberg）提出的培养"实践智慧"的一个方面，包括教导孩子如何有效地反驳、质疑以及同成年人协商。

在面对权威时，让孩子们看到你是如何为他们挺身而出的，便是在教导他们如何伸张正义，正如马尔科姆·格拉德威尔所呼吁的，向孩子灌输一种权利意识。在孩子小时候支持他们，为他们挺身而出，有助于孩子学会如何为自己而战，并在成年后的世界里找准方向。

约翰·阿罗：最佳拥趸

约翰·阿罗（John Arrow）从得克萨斯大学（University of Texas）辍学的时候，只差几个学分就可以顺利毕业了，但他选择全职经营自己的公司 Mutual Mobile，为医疗等高风险领域提供移动技术解决方案。约翰 25 岁左右的时候，公司已有 350 名员工，在《福布斯》杂志评选出的"35 岁以下成功创业者 35 人"和《公司》杂志的"30 岁以下成功创业者 30 人"名单中，约翰均赫然在列。我采访他的前一天，约翰刚把公司的少数股权卖给了伦敦 WPP 集团。距离他最初创办 Mutual Mobile 刚过了四年半时间，正常来讲，这时候他应该在研究生院，读一个法学博士或工商管理学硕士学位。

谈及创业者，传统的看法一般都是他们从在街角卖柠檬汁起家，但约翰是我采访过的人当中唯一真正这么做过的。

"我总是在卖东西。"他告诉我，但父母一直支持他：

> 我出生在奥斯汀，五六岁的时候我就在街角卖东西，夏天卖柠檬汁，冬天卖热巧克力。到了9岁，我开始厌倦卖柠檬汁了，所以我打算找点其他的东西卖。有一天我看到许多漂亮的植物，我以为它们长在一片田野上，于是我就把它们都挖了出来。我们家的邻居是一位非常和善的老奶奶，无论我卖什么她都来买，所以我把这些植物带到她家门口，按响了门铃，向她说明了来意，不过这次她拒绝了。
>
> 等我回到家，母亲让我坐下，并对我说："我接到邻居的电话，她说你想把她自己种的植物卖给她。"那些植物是我们邻居早上刚种的。不过母亲并没有生气，但我还是得重新把它们种回去。

这是一个很好的例子，为什么那些能够开创自己事业道路的人在其成长过程中从不害怕尝试和失败——约翰小时候并没有因为把事情搞砸而挨骂。纵然他得把一切恢复原样，但并没有因为勇于尝试而受到惩罚。

此外，约翰还同我讲述了影响其整个职业生涯的另一件事：

> 五年级的时候学校创办了一份校报，我决定自己也办一份，为了竞争，我打算开设一个"谁喜欢谁"的板块。
>
> 我和朋友们确定了内容，印了几十份，很快就卖光了。我没有上过任何新闻课，也不知道什么是署名权，并且你也不能在不确定正确与否的情况下仅凭推测就做出论断，可我那时候对此毫无概念。
>
> 校长气坏了，扬言说要通知家长惩罚我们。其他几个同学麻烦都不小，但我父母却觉得这事儿还挺有意思。
>
> 于是，我意识到，即便有权威者反对我，他们也愿意支持我，这让我

加倍努力做事，我要证明他们对我的信赖是值得的。

在约翰看来，他的自信正源于父母对他的信任：

> 我一直都很清楚，自己不想给别人打工。我也一直乐观地相信我能取得成功。我从小就认为一切皆有可能。
>
> 我想这可能是由于父母的缘故。特别是随着年纪的增长，我发现朋友们的父母完全不一样，他们会暗示孩子选择确定性更高的东西。如果你最重要的支持者都告诉你不要做某件事，你要如何相信自己能做到呢？
>
> 而我的父母，朱迪思（Judith）和劳埃德（Lloyd），并没有刻意培养我太务实的人生态度，我发现这在许多普通人的父母身上很明显，他们想要让孩子做些稳妥的事情，就算那没什么潜力可言。尽管所有家长都想给孩子最好的，但有些家长会认为自己小时候想要的东西同样合适他们的孩子。而无论我想做什么，父母都非常支持我。
>
> 我弟弟扎克（Zach）也是一名创业者，他今年19岁，正在筹备创建一家移动广告公司。父母一直是高等教育的拥护者，我还记得当我告诉他们我打算辍学时的情形——那会儿我只需再上几门课就可以顺利毕业了。
>
> 但我和我的合伙人都意识到我们的想法有着巨大的潜力，我们想要投入百分之百的精力，所以辍学势在必行。大多数相熟的人都没能意识到这一点，认为我们疯了。但父母非常支持我。有人站在你这一边很重要，他们相信你可以创造奇迹。

约翰愿意去冒险，因为小时候当他把邻居种的花连根拔起，抑或在校报上刊印不合适的内容时，父母并未因为这些尝试而惩罚他，而是教导他如何善后，并从中收获经验和成长。而这一切也得到了回报：

> 昨天我完成了一大笔交易。我打电话给父母，同他们分享了我的成功，那是一场非常愉悦的交谈。一直以来，他们都信任我，无论我想做什么，

他们都站在我这一边。能够获得他们的支持，我深感骄傲。

达尼·琼斯：总能找点事做

在我们探讨有关成功人士和学校（原则三）的话题时，曾介绍过美国职业橄榄球大联盟（NFL）中后卫选手达尼·琼斯，退役后达尼主持了一档电视节目，并同他人联合创办了一家创意公司。但据他母亲南希所言，达尼并不一直是明星球员，甚至曾经的他并不如今天这般自信。在她看来，对于想要在热爱的领域做出成绩的人而言，自信无疑是最重要的特质之一。

"成功者往往无所畏惧，但凡他们认为重要的事，就算赌上一切也要取得成功。"南希如是说：

> 是激情，而非金钱驱使着他们。他们从不会为生存所需的钱发愁。诚然，很多人害怕失去现有的东西，但只要父母培养孩子建立起足够的自信去应对一切，他们便可无所畏惧地去生活。

这种自信并不是天生的。达尼上高中时，母亲的支持带给他极大的影响。因为橄榄球打得非常出色，高三的时候很多大学球队都来招募他，包括海军大学（Navy）和华盛顿大学（Washington），但唯独没有密歇根大学，那是他一直以来的梦想。

于是，在一个周末，南希带达尼去了趟安娜堡市（Ann Arbor），顺道拜访了球队的总教练。总教练告诉他们，狼獾队目前并不缺中后卫，并且学校的奖学金已经全部发放完毕。但鉴于达尼的学术成绩也足够上密歇根大学，他也不是不能参加校队，但奖学金肯定是没有的，特招生的待遇亦然。

达尼一言未发，但南希看得出来他有多么绝望。她有一种强烈的直觉，这位教练根本没有看过达尼的比赛录像，根本不清楚这孩子到底多有天赋。于是，南希对教练直言道："我不会自掏腰包送孩子来这里上学的，因为华盛顿大学已经给了他全额奖学金。但你要清楚，等到打'玫瑰碗'的时候，他一定会代表华盛顿大学生擒你们的四分位。你一定会后悔的。"

南希很清楚自己的儿子有多优秀，只要教练看了录像带，一定会想招募他；而显然，她的一番话改变了教练的想法。那是一个星期天，而就在下个星期二，达尼接到了来自密歇根大学教练的电话。两天后，狼獾队派了他们的四分卫教练来看达尼的高中比赛。24小时后，密歇根大学同意向达尼发放全额奖学金。

为狼獾队效力的最后3年，达尼协助球队连续斩获全美十大联盟学校的殊荣，证明彼时母亲所言非虚，而其中最有意思的部分则是南希的精准"预言"：1998年的"玫瑰碗"决赛，密歇根大学对战华盛顿大学，达尼两次生擒了对方的四分卫！

等到达尼从密歇根大学毕业，他已经变得非常自信。进入纽约巨人队第六轮选秀后，几个人告诉他别指望能被选中。但他还是打包了自己所有的家当，准备开车去纽约。

"你怎么知道自己会入选？"南希问道。

"我觉得我可以。"达尼答道，"就算我落选了，我有密歇根大学的文凭，总能找点事做。"

总能找点事做，我想不出还有其他哪句话能够更好地体现出坚毅与无畏的品格。这些人并不自负，或坚信自己不会失败、不会判断失误或犯错；而是自信能够解决问题，勇于面对挑战和其他任何出现在眼前的麻烦。倘若缺乏自信，任何初露锋芒的年轻人都不会走得太远。达尼小的时候缺乏自信，而母亲的信赖帮助他成功建立起自信。如今，5年过去了，南希终于可以放心下来，她知道自己的任务已经完成，她的儿子已然做好准备在这世界闯上一遭。而最终，达尼成功加盟巨人队，在为其效力了4年之后，又转战老鹰队和猛虎队。退役后，达尼充分利用自身天赋，开创了自己的新事业。

原则六

培养逆商，让孩子
独立面对逆境

人们普遍认为，成功人士往往一帆风顺。看着比尔·盖茨、杰夫·贝佐斯和马克·扎克伯格，大家会想，这些人的成功完全是意料之中，而他们攀至顶点的道路也必定走得相当顺遂。而对于我采访过的大多数成功人士来说，情况则截然不同。

当我同那些取得巨大成功的人的母亲们交谈时发觉，相较于一条平坦的康庄大道，我听到的更多是一路挑战；比起惊才绝艳和才华横溢，更多的是挣扎和挫败；比起天赋异禀，更多的是教育子女之道；比起优渥的生活，更多的人面临财务逆境；比起童话般的少年时代，更多人见证了离异、疾病甚至于死亡。

本书介绍的大多数成功人士都面临过异常艰难的处境：有的出身贫困；有的面临学习障碍或者在学校遭遇了其他问题；有的家庭不幸福，例如父母离异或患有重大疾病。事实上，当中有 10% 的孩子在大学毕业前父母就过世了，不得不说，这是个惊人的数字。即便未曾直面重大危机，但父母时常会教导孩子们其祖辈是如何奋斗的，他们同样会从中吸取经验，克服困难。正如温斯顿·丘吉尔所言："成功并非终点……失败也并不可怕……最重要的是继续前进的勇气。"

诺曼·罗森塔尔（Norman Rosenthal）在《逆境的礼物：生活中的困苦、挫折和不完美所带来的意想不到的好处》（*The Gift of Adversity : The Unexpected Benefits of Life's Difficulties, Setbacks and Imperfections*）一书中谈及，最重要的人生教训源于生活中的挑战。他探讨了不同种类的逆境，以及每一种挑战会给我们带来怎样的智慧。在例如"别记仇"和"坚持梦想"等章节中，他指出，人们能够通过直面逆境来培养自身的适应能力。

诚然，大多数成功人士并不是通过阅读学会如何克服挑战的，而是通过观察自己的父母，尤其是母亲，她们的影响是潜移默化的。

人们对于成功人士所抱有的幻想经常是：这些人多半是那种打个响指就可以做成一切的天才，甚至能凭空召唤出整个产业。然而，在现实世界当中，大多数人在取得成功之前都曾面临极大的逆境，而令其脱颖而出的正是远见和适应力。暂且不论远见是不是可以通过后天习得，但通过一系列的采访，我发现适应力显然是可以培养的。

视阻碍为机遇

没有人会故意选择逆境，但当它降临时，我们却可以决定如何面对，是尝试去适应，或者降低预期，还是陷入责备、自怜抑或幻想当中？我们大可满足于不快乐，但对于那些自己开创事业的人来说，唯独不懂得什么叫"得过且过"。这便是适应力的重要性，我采访过的许多成功人士都从其父母身上继承了这种品质。

决定一个人是否能获得成功的核心要素并非将天赋和优势转化为财富、权力和声望的能力，而是无论如何都拒绝打退堂鼓。

肖恩·斯蒂芬森：结果导向

肖恩·斯蒂芬森（Sean Stephenson）天生患有成骨不全症，即骨质疏松。他身高只有 3 英尺（1 英尺 ≈ 0.3 米），需要坐轮椅。但当你同他交谈了几分钟后，便会意识到他并不认为自己有什么问题；再过一会儿，你自己也会开始这么想。他一定是你见过的最迷人、最具魅力和最懂得鼓舞人心的演讲者。这时候，你已经不会再关注什么轮椅了，因为眼前可是一位潇洒至极的人。

肖恩 18 岁时已经摔断过 200 根骨头，随后，他开启了以植物为主的饮食方式，吃有助于维持骨骼钙质的食物。他变得更加强壮，现在他每天都会在自己设计的家庭健身房里锻炼。

我采访了他的父母格雷格（Gregg）和格洛里亚（Gloria），他们告诉我，肖恩出生时，医生说所有患骨质疏松症的孩子性格都偏开朗和外向。虽然事实证明并非如此，但两人直到肖恩10岁时才意识到这一点。也许正是因为他们选择了相信，所以对肖恩来说，事情就是如此。

除了发誓要为肖恩和他的姐姐打造正常的童年生活，格洛里亚和格雷格鼓励肖恩追求所有自己喜欢的东西。他们告诉我，如果一种方法不管用，他们就会尝试另一种。当有人说，"他看起来和别人不太一样"时，他们会反驳："不，他那是与众不同。"有人称呼他为"坐轮椅的人"，他们纠正说："不，他只是需要一副轮椅而已。"大伙儿嘲笑他是个残疾人，他们答道："每个人身上都有瑕疵，只是你未必看到。"他们经常教导肖恩："与众不同没什么大不了的，做自己亦然。"

肖恩年轻时遭受过很多歧视。一所学校想把他转到残疾儿童学校，但他的父母拒绝了。大学申请工作时，他被告知，"我们已经雇用了一位坐轮椅的人"。但肖恩一直保持着自身的幽默感，并没有让这些事情打击到他。

在成长过程中，因为肖恩很多事情都做不了，所以父母允许他玩电子游戏——倘若他行动自如的话，恐怕就不会如此了。肖恩喜欢运动，所以他玩的都是运动类游戏。有一天，他突然觉得伤心，因为他发现自己只能在游戏机上运动。为了让他高兴起来，父亲宽慰他道："总有一天，你可以赚足够多的钱，自己打造一支队伍。"

小时候因为不能和其他孩子一起玩耍，所以肖恩经常会观察大人，并在心里做笔记。他喜欢分析人们的行为动机，他发觉，人们会对同样的事物抱有恐惧，亦会因同样的事物而感到欣喜。

一个3英尺高的人自己操纵轮椅进房间可不是什么常见的事儿。肖恩深知，自己想要引起其他人的注意非常容易，"怯场"从不在他的字典里，他很清楚，一旦吸引了人们的注意力，你就必须要维持住它。此外，他还非常有同理心，总是想要去帮助别人。事实上，我第一次听到他讲话时，他说的是："伙计们，为什么不敢邀请女孩跳舞？看看我，我都不怕，你们怕什么呢？"

上高中时，肖恩开启了他的演讲生涯。接连不断的演讲邀请使他很快就收到了报酬，第一次就是200美元。他甚至从来没有想过自己还可以靠演讲赚钱。于是，整个高中和大学他都在演讲，但有一件事他拒绝去做，那就是只跟残疾人对话。

通过许愿基金会（Make-A-Wish Foundation），肖恩遇到了自己的导师，著名的励志演说家托尼·罗宾斯（Tony Robbins），他告诉肖恩："你也可以像我一样，实际上你比我更有优势。当我鼓励听众，你们可以克服任何困难时，他们多半会反驳称这话你说起来容易。但如果他们面对的是你，就一定不会这样讲。"

于是，肖恩开始信奉结果导向，他告诉父母说："对于我想要的，如果我自己做不到，我就得想其他办法得到。"他开始尝试不同的方法，直到解决问题。高中时，他摔断了胳膊，没办法写数学公式，于是他就用心算。随后，他还会同老师据理力争，认为自己无须交练习题作业。

虽然肖恩大体上是个乐天派，但偶尔也会感到沮丧。父母从未忽视过他的感受，但同时也鼓励他不要过度沉湎于那些负面的情绪。难过时，母亲会教导他："你可以选择自己的感受。所有的情绪固然都很重要，但自怨自艾显然并不可取。你得决定那种感觉要持续多久。如果你决定不了，我来帮你决定，我会设置好定时器，允许你难过 25 分钟。"

相较于其他孩子，肖恩和家人在一起的时间更多一些，因为有些事他光靠自己做不了。因而，所有家庭成员之间的关系非常亲密，他们经常一起旅行，一共去过美国 47 个州。格雷格和格洛里亚想要让孩子们亲眼看看其他人是如何生活的，让他们接触尽可能多的地方和人。

肖恩的父母告诉我，作为家人，他们选择给他创造机会，去做各种事情，但关于未来的就业问题，他们从不对他指手画脚："他想做什么都可以。坐在轮椅上能做什么、不能做什么，我们从来不会告诉他，我们想让他自己去发现。"而肖恩也照做了。

在芝加哥德保罗大学（DePaul University）就读期间，肖恩曾做过比尔·克林顿总统的白宫实习生，并出版了《拒绝失败的人生》（*Get Off Your "But": How to End Self-Sabotage and Stand Up for Yourself*）一书，由托尼·罗宾斯作序。此外，他还在一家私人诊所担任治疗师，为来自全国各地的高管提供全天候咨询，指引他们如何变得更加快乐。

2012 年，这位"3 英尺巨人"迎娶了一位可爱的妻子：5 英尺高的明迪·克尼斯（Mindie Kniss），她是一名成功的商业教练，前《财富》杂志 100 强企业家。他们现在住在亚利桑那州。

能够积极乐观地开创自己的事业，是否源于身体的限制？因为他需要寻找自己的方式达成目标？倘若他再高 3 英尺是否仍会取得同样的成就？当然，这种假设我们永远无法知晓答案。但显而易见的是，得益于父母的帮助，他学会了将挑战视作机遇，而非一种负担。

大多数孩子所面临的阻碍不会像肖恩那般艰难。但童年时期更常见的那些问题，例如被欺负或嘲笑、无法融入集体、很难交到朋友，等等，同样会令孩子感到异常恐慌。而在面对这些挑战时，每个孩子都同肖恩一样要做出选择：是放弃还是继续努力。这对个体来说至关重要，和身高没有半点关系。

艾伦·古斯塔夫森：远离刻薄的孩子

今天的艾伦·古斯塔夫森（Ellen Gustafson）美丽动人、婚姻幸福、功成名就且全身心投入自己的事业。2007 年，她在劳伦·布什（Lauren Bush）创立了 FEED Bag 后，两人通过世界粮食计划署共同发起了 FEED 计划：每出售一个托特包，其收益将用于支付一个孩子一年的抚养费用。此后，艾伦还联合创立了其他食品项目和倡议，包括位于纽约的食品政策研究中心 30 Project，致力于在公立学校推广健康和健身项目；与丹妮尔·尼伦伯格（Danielle Nierenberg）共同创办"食品智库"（Food Tank）；发起"改变晚餐"（Change Dinner）和"健康课堂 2.0"（HealthClass 2.0）运动，旨在改变家庭和学校对待食物的态度。但是，正如她告诉我的，生活并不总是一帆风顺：

> 我年轻的时候块头很大，因此经常会被嘲笑。同学们会叫我"奶牛"或者"大鸟"。因为太高，我在人群中总是会显得非常突兀。小学的后几年和中学的时候，我很难交到朋友。

父母通常会绞尽脑汁想要帮助身处逆境中的孩子。他们是该出手解决问题，还是放任孩子自行面对？两种做法艾伦的父母都试过：

> 情况变得非常糟糕，四年级之后，父母把我从一所"与世隔绝"的小学校转到了更大的公立学校。他们想要让我远离那些刻薄的孩子，认为学校大一点的话，我会更容易交到朋友。
>
> 当时，我想让父母帮我解决这个问题，但他们无能为力。于是，我明白父母如今已经做不了什么了，我只能靠自己。
>
> 但他们同样给予我支持，让我能够自行处理这些问题。他们对我说，你非常有天赋，也足够优秀，那些刻薄的孩子根本无法伤害你。
>
> 成败在此一举。现在回想起来，那时候的经历实际上为我日后步入更广阔的天地铺平了道路。母亲非常擅长在安慰我和让我自己解决问题之间找平衡。是她让我知晓，我不是什么又大又丑的怪物——尽管别人都这么叫我，但她不会替我交朋友。她教导我，这个世界不总是公平的，大家没有义务都对你好，事情也不可能悉数如你所愿。
>
> 这对我的职业生涯大有助益，我了解到自己的信念以及我对世界的看法都是正确的，无论他人赞同与否。

艾伦母亲的做法帮助她将一段有可能会给自身造成伤害的经历转化为一种面对挑战的态度，日后更是推动了她的职业生涯的发展。艾伦还借此洞察到人类行为的一些重要特征：

> 到了八九年级，其他孩子也纷纷开始抽条，于是所有问题迎刃而解。我经历了典型的"丑小鸭"式的转变，突然间，我不比其他人高了。但我观察到很有意思的一件事，当人们认为我是个有魅力的人时，他们对待我的态度就有了改变。
>
> 父母的爱和支持帮助我度过了那些艰难的时刻。我不在乎班上的那些孩子对我如何刻薄，因为父母一直告诉我，我是一个聪明且有能力的人——而我决定相信他们。

直面逆境，没时间自怨自艾

父母有一种强大的本能来保护孩子免遭侵扰和这个世界可能给他们带来的痛苦。我相信，培养出优秀人才的那些母亲们同样有这种本能，但我采访过的母亲们却选择让孩子独立去面对、去经历。他们很清楚（无论是刻意还是下意识的行为），为了激发出孩子真正的潜力，他们必须学会直面逆境。

肖恩·卡拉索：一起解决问题

2008年，肖恩·卡拉索（Sean Carasso）在非洲背包旅行，在刚果民主共和国，他遇到了5名儿童兵，这些孩子从家中被绑架，经历了难以想象的境遇，甚至被迫杀人。后来他了解到，那些无法携带枪支的小孩子则会直接被送到前线，浑身只带着一只哨子——用来分散敌人的注意力或充当炮灰。

他帮助这些孩子们逃跑，并记录下这段经历，寄给了80位朋友和家人。大伙儿把他的电子邮件转发给认识的人，它像病毒一样传播开来。第二天，他收到了成千上万封电子邮件，询问该如何提供帮助。他意识到自己有能力做点什么，于是他创办了刚果和平运动"放下哨子"（Falling Whistles），通过出售金属哨子以筹集资金，人们把哨子戴在脖子上，让全世界知晓他们是和平的"吹哨人"。第二次刚果战争（又称非洲战争）结束后，这个"哨子"开始演变为一种声音，要求停止仍在刚果部分地区及其邻国肆虐的战争——我们这个时代最致命的战争，导致数百万人死亡和流离失所。

肖恩告诉我，小时候家里发生了一件大事：他们破产了。其他家庭可能会因此而崩溃，或者家长至少试图保护孩子不受影响。但肖恩的家人却坦然接受了现实，甚至还学会了苦中作乐。这是另一个从逆境中获取正向力量的例子，肖恩告诉我：

> 我仍然记得和父母、祖父母与哥哥的那场晚餐谈话。父亲的生意伙伴携款潜逃。父亲让我们坐下，对我们说道："我们什么都没有了。"那时

候我上三年级。

那会儿夜光项链还是很新鲜的东西，爷爷觉得我们可以做这个生意。于是，我们买了好多，然后去公园卖给小孩子。我非常喜欢做这件事。而事实上，我也很擅长推销——可能是因为买家都是和我差不多大的孩子。接下来的几年时间里，我们每周都会卖上几次，而父亲则在打官司，想要把钱拿回来。

如今回想起来，26 岁的我身无分文，却想着要筹集资金都助刚果人民，彼时我的潜意识里一定有什么东西促使我又捡起了卖项链的生意。

父亲破产期间，母亲在我们家后院搞起了游泳训练营，那非常有意思，充满了欢乐。我很享受大家都来我家的那种感觉。所以当我们为"放下哨子"筹资卖项链时，我开始在威尼斯房子的后院举办活动，把社区里的人都邀请来，就像我母亲曾经做过的那样。我们会告诉人们在刚果发生的事情，我们有一位音乐家和一堆篝火，十足的现场艺术。我们不像激进主义者那般好斗，我们的活动充满了包容和温暖。

肖恩解释称，对于生存的渴望和智慧深深植根于他的家庭。父亲是大屠杀幸存者的后代——他的曾祖母 14 岁时被偷渡到希腊的一艘船上，而其他家人则全部遇难。

肖恩很早就知道，逆境并不会令人陷入孤立或绝望。正相反，它可以成为联结与服务其他相同境遇之人的动力。

肖恩的父母没有向孩子们隐瞒家中境况，而是允许他们以充满创造性和趣味性的方式参与解决问题。还有什么是比这更好的家庭教育呢？于是，肖恩学会了以创造、欢笑和玩耍的方式解决问题。

詹娜·阿诺德：不只一条路

在谈及学校教育并非适合每一位孩子时（原则三），我们介绍过内容创意公司 Press Play 的创始人詹娜·阿诺德。詹娜的母亲告诉我，学习障碍并不是她成长过程中要面对的唯一挑战：

詹娜 10 岁时开始掉头发。有一天，我注意到她头顶有一块秃了，于是就带她去看医生。医生说，她的脱发问题已经非常严重，不出 1 个月，她的头发就会掉光。

不管怎么说，詹娜并没有被这一变故打垮。接下来的 5 年时间里她一直戴假发，她不想朋友们知道自己的情况，我每天都会清洗她的假发。

直到我们带她去了克利夫兰诊所，那里的医生说她患有由环境和情绪所引发的免疫障碍。

于是，她开始吃各种药物，2 年后，她对我说："妈妈，咱们一起泡个澡聊聊天吧。我想把自己治好。"

我不知道她能否成功，我无法预见未来。

我丈夫说："让她自己面对吧，她总会从中成长起来的。"

他是对的。我同样也从中收获了成长。一个朋友劝我："别再替她的头发操心了，可能它们自己就会长回来了。"我突然有种醍醐灌顶之感。

我同意让詹娜和她喜欢的阿姨一起过暑假。

2 年后，她在加州和叔叔一起度过了夏天。开学前，她回家依旧戴着假发。"妈妈，我得给你看点儿东西。"她一边说着一边摘掉了假发，一头浓密的秀发全部长回来了！"但我不敢摘假发，万一它们又掉了呢？"

不过，最终她还是决定把假发摘了。她觉得反正学校里没有人知道她戴假发。然而，开学第一天，所有的朋友都上前拥抱她，祝贺道："你的头发终于长回来了！"原来他们什么都知道，但从未说出真相，他们不想让她难堪。

但劳伦对我说，詹娜的"苦难"并没有到此结束，偶尔她也会遇到不友好的同学：

高中上了一半，她对我说："我受不了这些女孩子了。我找了一个国际交流项目，打算去西班牙念书。我不喜欢她们一直在说化妆的事，我 16 岁的朋友居然想要隆胸！我要看看这个世界里的其他风景。"

有些家长可能会对让一个苦苦挣扎的青少年出国的想法犹豫不决，但詹娜的母亲却欣然接受：

我们相信她的直觉，毕竟那些困难的日子她都熬过来了。当生活不尽如人意时，我们意识到让她换个环境的重要性，去看看这个世界，去拓宽视野。我们允许她出国念一年书，顺便远离那些刻薄的女孩儿们。

当丈夫和我明白了她是怎样的人之后，我们选择支持她，让她的潜力得以发挥，找到人生的目标，因为她是一个非常有同理心的孩子，所以我们认为未来等待着她的应该是慈善行业。

她在大学入学申请文书中提到了自己的脱发问题，以及那些她在面对逆境中学会的道理。我一直知道她是个特别的孩子，所以选择相信她的直觉，因为她非常了解自己，知道怎么做对自己最好，这一点我是比不了的。

劳伦还告诉我，她一直和年轻女性探讨养育孩子最重要的事情是什么。

"当然，事后回想总是最简单的，在养儿育女这条艰辛而漫长的道路上，有时候你很难看到正确的前进方向。"

她告诉我，见证了詹娜的成长，她开始将一些理念视作行为准则，以下几点便是劳伦所遵循的来之不易的经验：

- 完美是优秀的敌人。
- 每一个问题都包含了一种馈赠；我们的人生经验就藏在这些问题当中。
- 任何事情的发生都有原因，要相信过程。
- 成长的道路不只有一条。
- 各人有各人的缘法，就算我已经取得了成功，但她的好时候还在后面。
- 对于肩负使命的灵魂来说，逆境是自然的考验。
- 学会感恩；即便孩子与众不同，也要心怀感激。

上述这些经验教训与当下一些父母的育儿理念可谓截然不同。他们总是想要将孩子保护起来，让孩子远离逆境。他们并不明白，唯有学会直面逆境，孩子才能成长为无所畏惧且适应力强的大人。

领悟生命的韧性

一些成功人士在步入成年后遭遇了一生当中最大的危机，而唯有在经历过那些挑战之后，他们才会意识到父母的养育之恩所蕴含的巨大力量。

妮拉·罗杰斯：化悲伤为行动

妮拉·罗杰斯（Nyla Rodgers）的例子足以证明一位有韧性的家长会给孩子带来多大的影响。妮拉的母亲斯蒂芬妮·摩尔（Stephanie Moore）在她念研究生时去世了，为了纪念自己的母亲，妮拉将所有的精力投入到非营利性组织"希望妈妈"（Mama Hope）的建设当中，在4个非洲国家共计发起34个涉及健康、教育、农业和用水的慈善项目，受助者达15万人。

此外，她还通过"停止自怨自艾"（Stop the Pity）运动激励人们，该运动的精神可以直接追溯至她母亲的生活方式。妮拉告诉我：

> 我从母亲那里学到的最重要的一课是，我是一名世界公民——不仅仅是美国人。我是整个世界的一部分，我的所作所为会影响整个世界，而非局限于某个社区。每个人都是相互联系的，你的言行自有其重量。在我很小的时候她就教会了我这些。
>
> 我在旧金山湾区长大，是由单亲妈妈抚养长大的独生女。母亲在酒店礼宾部工作，有一天，她为了消遣去上了一节舞蹈课，发现自己可以教得比老师好，于是她开始跟着录像学习。我6岁时，她就是我现在这个年纪，她开了一家舞蹈工作室，教授各类交际舞：摇摆舞、吉特巴舞、探戈、华尔兹和两步舞。这样一来她白天就可以和我待在一起，晚上教课。

她教导我，只要下定决心，我可以做任何事。彼时我从未意识到我们家经济很困难，现在回过头来看，的确如此。我们的字典里没有"不"字，没有什么是我们想做却做不成的。就算母亲什么都不懂，她也会想办法弄清楚到底怎么回事。虽然她大学没毕业，但在其他同龄人按部就班地生活时，她开始了自己的创业之路。她想要做自己喜欢的事情，她用开舞蹈课的收入抚养了我整整16年。

年纪大了之后，她决定不再穿着性感的裙子去教跳舞了，而是转行在家里教起了创意写作。

她上过几堂课，觉得自己也可以教，而实际上她教写作比教舞蹈还要成功。

妮拉的母亲通过以身作则的方式教导她如何行动起来，去进行实践，她也时常会给她类似的建议。她从未停下脚步思考一个单亲妈妈抚养孩子的艰难，而面对想做的事，她也并不忧心自己没有资格。

后来，据妮拉称，她母亲得了癌症：

母亲生病的时候，她所有的学生都来探望，每个人轮流陪伴她一小时，所以她从来不是孤单一人。母亲就好像一盏明灯，指引着我，只要跟随自己的内心，你将无所不能。

和那些坚持让孩子把盘子里的所有食物都吃完的父母们不一样，母亲一直认为只要拿取自己所需的东西就够了。她会说："过犹不及。你放弃了一些东西，其他人就有获得它们的可能，你不能只考虑自己。如果你不拿走一切的话，其他人就会得到更多。"

她还教导我做力所能及的事情。我们会在感恩节的时候给大家送吃的，周末的时候我们去参加义务劳动。即便我们拥有的不多，但我们总是在回馈社会。这让我懂得一个道理，即每个人都有可以奉献的东西。

这种慷慨之心连同自给自足的精神和辛勤工作的信念交织在一起，指引着妮拉：无论你想做什么，努力让它实现。

我一直想做国际化的工作，去看看这个世界。我经常和奶奶一起看国家地理频道的纪录片。

15 岁的时候我第一次出国，那时候法语班的同学们计划去法国。我真的非常想去，但母亲说，只要我能筹到一半的费用，她就能给我补上另一半。于是，我便开始学着自己解决问题：我做保姆、修理草坪、替人遛狗、教游泳、录入数据。我每天工作 15 个小时，每周工作 7 天，整整 1 个月，我终于筹足了钱。夏季的末尾，我出发了。

妮拉就读于加州大学圣巴巴拉分校（US Santa Barbara），主攻全球化研究。大一的时候，老师要求学生写一篇关于未来想从事何种职业的文章，她写道：我想做国际社会发展相关的工作。妮拉继续道：

我上大学之后，家里就只剩下母亲一个人。她害怕坐飞机，所以从未离开过美国，但她一直尝试去帮助全世界的人们。在她看来，自己是一名世界公民，她一直想要做一些超越个体存在的事情。

于是，她开始资助肯尼亚一个名叫贝纳德（Benard）的孤儿，他成了她的儿子。我那会儿刚毕业，开始念国际关系研究生，专攻和平问题和冲突演变。她和贝纳德一直保持着通信，但从未见过面，母亲把我们俩的照片都放在壁炉架上。在刚得知自己生病时，她的一个心愿就是去非洲看看他。

只可惜，这一趟非洲之旅最终未能成行。但即便她过世了，也依旧激励着他人：

她过世后两周，我男朋友母亲的一位朋友开始筹划一趟非洲环保之旅，因为要带着自己的学生，所以她想要找个人一起行动。

令人意想不到的是，贝纳德的家就在他们计划要去的村子。于是，我提出愿意一同前往，随即，我便给资助机构写了信，表示我想见见贝纳德。

抵达贝纳德的村庄时，整整500个人站在雨蓬下唱《奇异恩典》（Amazing Grace）——他们在为我母亲举办追悼会。我不知道的是，母亲生病后还举办过一场募捐活动，为这里的女性创业项目提供了1500美元的资助。她们想要创办一家社区银行，母亲为她们筹集的种子资金改变了她们的社区。

对于母亲的爱意，我不知该如何安放。我想大抵悲伤便是如此：那些残存的爱意让我们茫然无措。小时候，我们每天都会向父母表达这些爱意，但他们去世后，爱意便再无处安放。一切仿佛都停滞了，这就是悲伤。

村子里的人送给我一座雕像，是两只脖颈缠绕在一起的长颈鹿。他们说："你母亲非常有智慧，既看得清脚下的路，也能看得到远方。所以，我们把这座雕像送给你。显然，你也是一只长颈鹿。"

他们是对的。长颈鹿的象征，即脚踏实地、谦逊务实和远见卓识几大宝贵品质的结合，指引了妮拉的下一步行动：

我一直在类似联合国这样的国际援助组织工作，但那一刻，我突然意识到，此前我并未见过任何像母亲筹集的那1500美元一样有影响力的东西。在大机构中，人们关注的永远是组织本身，而非具体的社区。所以我决定去寻找其他类似的社区，了解他们的需求，然后为其筹资。为了纪念我的母亲，我将其命名为"希望妈妈"。

与其他组织不同的是，"希望妈妈"始于爱，我亲眼见证了10位女性是如何利用我母亲为她们筹集到的钱创业，然后将收入再次回馈社区，她们改变了整个社区，对此，我深受鼓舞。

每次我与社区的人交谈时，我会询问他们对未来的期待，他们需要什么。我们所构建的是一种伙伴关系，而非依赖关系——这不是什么施舍。通常而言，每个社区的人都有成功所需的方式方法，他们只是缺钱。我相信一旦给予这些社区必要的资源，他们就会解决自己的问题。

妮拉继承了母亲的生活方式，并在其指引下创建了一个组织，它改变了世界看待贫困的方式。她母亲的影响同样也体现在其他领域，例如斯蒂芬妮·摩尔的写作课学生如今仍然每周举行聚会，其中三人已经出版了自己写的书，每个人都在文学杂志上发表过作品。他们会举办月度诗歌朗诵会 Pints & Prose，为"希望妈妈"运动筹款。

蒂娜·罗伯逊：活在当下

蒂娜·罗伯逊（Deena Robertson）和妹妹杰西（Jess）一同创立了 Modo 瑜伽。年轻时，蒂娜受过重伤，后期的康复治疗彻底改变了她的人生道路。

蒂娜、杰西和她们的姐姐肖娜（Shauna）在多伦多郊外的一个小镇长大。肖娜比杰西大 3 岁，从事电影行业 20 年，如今通过与他人联合创办的在线众筹网站 CrowdRise 为慈善机构筹款。蒂娜告诉我，姐妹三人并没有经历所谓的叛逆期，因为她们做什么都可以：

> 母亲对我们说："我们相信你们每个人，相信你们的选择。"
> 因为父母相信我能够做出正确的选择，我不想让他们失望。他们会说："如果你喝酒了，记得给我们打电话。"所以我就不喝酒。

蒂娜在学校里最热衷的三件事是摄影、英语和运动，她尤其喜欢运动。上四年级的时候她就参加了八年级的篮球队，而等到八年级，她已经擅长很多种类的运动了。队友就是她最好的朋友。

但高三那年，学校取消了运动课程。

"我就是为运动而生的，"蒂娜表示，"既然如此，我为什么还要来上学？"蒂娜对学校的课程毫无兴趣，并且，在经历了一系列可怕的事件后，她最好的朋友自杀了。

"我意识到，上学是我分散注意力的一种方式，"她对我说，"我觉得很多孩子上学是为了一个明确的目标，但我想要的学校给不了。所以我不想再上学了。"

于是，她和母亲珍妮特谈了一次话，说自己讨厌学校，不想再上学了。尽管珍妮特在那所学校当了很多年的老师，但她告诉蒂娜："我支持你，如果你对上学不感兴趣，那就退学吧。"

当我和珍妮特谈及蒂娜不想在她的学校继续念书这件事，珍妮特对我说："她是我的孩子，而不是教育系统的孩子。这个世界能够教给她的东西远比在学校所学的重要得多。"

于是，珍妮特送蒂娜去念了另一所允许在家学习的学校，蒂娜报读了大学预科课程，将高中最后一年的学业压缩至一个学期内完成。她适应得非常快。

后来，蒂娜去温哥华的一所大学学表演，上课的时候，突然一大块黑板掉下来砸伤了她的后背，骨折致使这位异常活跃的运动员几乎动弹不得，医生告诉她，日后可能连走路都成问题。

于是，蒂娜乘坐飞机回到家，开始通过练习瑜伽进行康复治疗，它治愈了一切，同时也改变了她的生活。蒂娜决定放弃表演，开一家瑜伽工作室。她和杰西创办的 Modo 瑜伽如今已在美国和加拿大拥有超过 75 间高温瑜伽工作室。这对姐妹致力于通过瑜伽推广富有道德感和同理心以及注重环保的生活方式，她们的宗旨是"冷静的大脑、健康的身体以及充满激情的生活"。

通过练习瑜伽努力康复——蒂娜对于意外事件的应对方式可以追溯至家人的影响，她告诉我，此前，他们已经历过太多的不幸：

> 我母亲 16 岁时失去了她的父亲，21 岁的时候她母亲也过世了，她与一个巨大的脑瘤抗争了整整 3 年。妹妹杰西患有严重的脊柱侧凸，需要在脊柱上安一块金属板。父亲在杰西出生两周后摔断了脖子，医生说他再也不能走路了。

令人庆幸的是，如今蒂娜全家人身体都很健康、强壮，他们的心态也都非常好。蒂娜告诉我，因为从挑战中学习一直是他们家庭生活中的一个重要部分：

> 而最不可思议的是，我们每个人都非常感激这些不幸，可以说，那些经历就是我们最伟大的导师，它们给予我们的馈赠指引着我们成长为如今

的自己。逆境将你置于一个十字路口，要么沉湎于痛苦和折磨当中直至死去，要么你也可以选择去过一种充满力量的人生。

生活都是由一个个瞬间组成的，我们可以给它们贴上好的、坏的、快乐的或者悲伤的标签，但归根结底，那只不过是一个瞬间罢了。

既然如此，为何要过度关注生活中的痛苦呢？还不如把时间花在欣赏一场壮丽的日落！

蒂娜告诉我，通过练习瑜伽，她的身心都得到了修复。如今，她不仅身体健康、体态优雅、擅长运动，还是我认识的最快乐的人之一。

胡曼·拉德法：专注，不断前进

对胡曼·拉德法（Hooman Radfar）来说，最令人印象深刻的一次逆境中的经历是在他开始创业之后，得益于母亲的榜样和教诲，他找到了解决之道。

胡曼的家人在伊朗革命期间移民英国，不久后，他便在伦敦出生，在匹兹堡长大。胡曼以优异成绩毕业于宾夕法尼亚大学（University of Pennsylvania）计算机科学和经济学专业，随后在卡内基梅隆大学（Carnegie Mellon University）攻读社交网络工程学硕士学位。2004 年，他和弟弟塞鲁斯（Cyrus）共同创立了 Clearspring Technologies，基于对网络服务和社交网站的研究，提供产品和平台开发服务。随后，胡曼收购了基础社交平台 AddThis——在全网拥有 1400 万发布者，每月吸引用户量达 15 亿人次。紧接着，他卖掉了公司，加盟 Expa，同优步（Uber）和 Foursquare 城市指南的联合创始人等一众经验丰富的创业者们共同开办新的公司。胡曼的父母都是精神科医生，在他 12 岁时两人离婚。他们还有一个年纪更小的弟弟大流士（Darius）。胡曼告诉我，他和塞鲁斯之所以能够成功，母亲的影响功不可没：

母亲是一位非常坚强的人，她深深影响了我。她非常执着，懂得如何面对来自生活的打击，这一点对任何一位想要实现理想的人来说都至关重要，因为你在得到肯定答复之前通常要经历很多次拒绝。

有些父母一心想要帮助子女取得成功，他们往往会将自己的兴趣爱好强加给孩子。但胡曼的母亲索拉雅（Soraya）却采取了不同的方式，对于孩子所热爱的东西，她给予百分之百支持：

> 无论我喜欢什么，母亲总是支持我，还会想办法助我一臂之力。小时候我经常画画，我会偷爸爸的打印纸，然后用铅笔一直画上几个小时。母亲发现了我的天赋，于是便请来她的一位美术老师同事教我。所以，基本上从五年级开始直到高中，我一直在和她学美术。
>
> 母亲总是试图去发掘我们的潜能。看到我和弟弟对编程感兴趣，她便把我们送去计算机夏令营。那是我第一次接触到互联网，我完全被震撼住了，从那时起，我们就一直沉迷于此。
>
> 在她看来，没有什么能够阻挡我们的脚步，所以我们便下定决心不辜负她的期待。上大学的时候，我痴迷于日间交易，我在宿舍里做交易，真金白银地赚了不少钱。但市场崩溃时，我也未能幸免，赚的钱几乎都赔光了。
>
> 我大感沮丧，于是哭着给她打电话道："我全输光了！"
>
> 我永远记得她对我说的话："我想告诉你的是，你以后输钱的时候还多着呢！你知道我曾经多少次重头来过吗？我刚来这个国家的时候，两手空空，可以说是白手起家，我不停向医院投简历，直到找到工作。把重点放在课业上，继续努力吧！"
>
> 她的话语是那么镇定，充满着自信，令人无比安心。她改变了我看待失败的方式。

但那并非她最后一次教导胡曼这个道理：

> 从研究生院毕业后，我创办了一家公司。我们先是将想法介绍给几位早期投资人，他们表达了支持。但等我们决定去硅谷发展之后，却没有人感兴趣。
>
> 我们大受打击，但还是决定改变方向，专攻社交领域，而非技术。投

资者们听后道："我们很支持你们做出改变，但不会投资。"

我几近崩溃，心烦意乱地给母亲打电话道："全完了。他们不会再投资我们了！"

母亲非常冷静地答道："没事的，你会找到投资方的，朝着你的目标努力吧。"

而这一次，曾经的教诲再次得到了印证：

我亲眼见证了母亲是如何通过奋斗和坚持取得成功的，这令我备受鼓舞。我看着她一路走到现在。

父母离婚后，她独自一人抚养我们，没有人帮她，但她做得非常好。她掌控了自己的命运，我们见过她遭受打击，然后再次振作起来。所以，我们相信自己也可以做到。她就像是一台节拍器，总是能把我带回正途。

剩下的钱只够维持公司几个月的运转，但我们决定告别最初的几位投资人。后来，新投资人给了我们 200 万美元，于是我们搬去了华盛顿特区，那儿离他们更近。Clearspring 取得了巨大的成功。

胡曼和塞鲁斯在艰苦的环境中长大，父母的日子也不好过，但他们并没有选择保护孩子免遭现实境遇的风吹雨打，而孩子们也因此收获了成长。胡曼告诉我，直面逆境同时也塑造了他们的人格。在他看来，成功人士需要具备的三种品质是：

第一，你要比旁人承受得住更多的打击，你必须赌上一切跑在前头，你不能害怕失败。持之以恒是关键。

第二，你必须要有热情。

第三，你必须要有创意，并能够长时间坚持自己的想法。

通过观察母亲是如何应对逆境的，胡曼开始自己去尝试，这帮助他一步步获得成功。无论你的孩子是否有过类似经历，鼓励他们直面逆境有助于其在生活不尽如人意时，明白自己该做些什么。

原则七

追求成功更需拥有同理心

要知道，通往成功的道路并不总是如我们所设想的那般一帆风顺。成功者的成长可能需要经历无数苦难来锻造——我采访过的大多数成功者及其母亲都印证了这一点。

随着采访的不断推进，我开始注意到，无论是曾经克服了巨大挑战的人，还是那些享受艰难挑战本身的人，他们还有另一个共同点。大多数人尽管都是争强好胜的性子，但"第一"绝非其所追求的唯一目标，更不会牺牲他人的利益来取胜。他们不会只考虑钱，而是被教导要回馈社会，去帮助他人，思考如何为社区做贡献，如何给这个世界带来正向的影响。他们富有同理心，并在此基础上积极投入工作。而这种同理心正是父母通过言传身教培养出来的。

想想我们在原则六中介绍过的艾伦·古斯塔夫森，尽管在学校里经常遭到他人的无情嘲笑，长大后却成为 FEED 计划的创始人之一："母亲总是教导我，人生中最重要的事情就是为他人谋福祉。"艾伦告诉我，"我所追求的不是金钱、华服或者汽车。我父母都在回馈社会的组织机构中担任领导职务，他们一直教导我回馈社会至关重要。他们会出席天主教会俱乐部的活动，母亲曾在女童子军做志愿者，后来又去一家妇女收容所帮忙。"

艾伦的母亲莫拉（Maura）告诉我，为培养女儿的同理心，她所有的选择都是经过深思熟虑的："因为艾伦是独生女，我们担心她会变得以自我为中心，或者过度关注自己，所以我们会参加很多志愿工作。她会帮我给那些无家可归的人做饭。我教导她：'如果你想为自己的同伴做点什么，志愿工作可以教会你很多，你将比那些受助者收获更大。'她亲眼见到我们是怎么做的，我觉得那对她产生了很大的影响。"

提及成功人士所拥有的品质，你第一个想到的可能不会是同理心，但在我的采访过程中，无论是在那些成功者还是他们的母亲身上，我都发现了这一点。我清楚地意识到，对于财富或权力的渴望并不足以支撑一个人坚定自己的道路，继而去改变世界，唯有真正渴望改善人们生活的初心才能令胸怀大志的人走得更远。而就算公司上市，或者赚到 100 万美元，那份初心也不会有丝毫衰减。或许，这也是为何各行各业的顶尖人物总是迫切地想要去做些什么：我们要帮助更多的人，去帮扶更多的社区，去改变更多人的人生。而对于他们当中的大多数人来说，这种迫切的意愿往往在孩童时代就根植于内心。

懂得去关心他人

父母倘若能够引导孩子去帮助那些有需要的人，无论他们远在世界的另一端，抑或就坐在你的餐桌对面，在培养同理心的道路上，便算是领先了一步。能够较早地意识到他人的境遇，有助于孩子开始提一些问题："事情只能这样了吗？有没有什么更好的办法？"这便是迈向成功的第一步。

斯科特·哈里森：甘甜的慈善

斯科特·哈里森（Scott Harrison）是非营利性机构"慈善：水"（charity: water）的创始人，该组织致力于挖掘、修复和维护水井，为全球数百万人提供可持续的清洁用水。在仅仅 8 年的时间里，"慈善：水"机构在 24 个国家修建了 1.6 万口水井，为 500 万人提供清洁水，筹集相关资金 1.7 亿美元。斯科特因此登上了《公司》杂志的封面。

如果看过官网（charitywater.org）上的视频，你一定会被斯科特的同理心和他激励与动员他人的能力所震撼。在相对较短的时间内，他为一个危及生命的全球性问题提供了解决方案，从而提高了数百万人的生活质量。曾几何时，无数更有经验和技术、更富有和具备政治影响力的人均对此束手无策。但斯科特有两个优势，即愿景和决心——同时也是他价值观的重要组成部分——对此，母亲琼（Joan）的影响不言而喻。

斯科特成长于新泽西州的一个小镇，毕业于纽约大学。斯科特的母亲告诉我，在创办"慈善：水"之前，他在纽约的一间夜店做了10年的推销。然而，尽管赚了很多钱，但她的孩子却活得非常痛苦，时常感到"精神崩溃"。琼告诉我，彼时斯科特过着一种"毫无意义的放纵生活"，她经常叫他"浪荡子"。

不过，如今，琼很乐意同我分享斯科特后来的故事：

2004年10月，斯科特告别了在纽约的生活，在仁慈号上待了一年，那是一艘为西非人民提供免费医疗的医务船。第二次结束志愿者之旅返回后，他头脑中已然有了清晰的图景，他要创办一家慈善机构，解决西非所面临的一个最迫切的问题：对清洁水的需求。

斯科特充分利用起手上的资源：仁慈号志愿服务留下的令人动容的相片、夜店重要的资助人以及自身鼓舞人心的能力。他拜访了许多夜店的老板和朋友，邀请他们捐助。他们同意了。

与此同时，因为没有收入，斯科特只能借住在朋友公寓的沙发上——这间公寓后来成为"慈善：水"的第一间办公室。餐桌就是办公桌，员工大多是志愿者，与捐赠人主要依靠互联网和电话取得联系。为了避开工作场所的嘈杂，斯科特在打电话的时候要把头伸出窗外。

2006年9月，"慈善：水"的第一场活动是在Tenjune夜店举办生日派对，客人们需要花费20美元购买一瓶水作为入场券，斯科特总共筹集了1.5万美元。他用这笔钱修了3口井，又在乌干达新挖了3口井。几个月后，捐赠者们收到了一张照片，照片上是用他们的钱开凿的水井，"慈善：水"就此成立。

几年后，当该非营利性组织得到惊人的发展并取得了成功时，一位支持者在一次活动中向我走来，她告诉我，在机构建立的早期，斯科特曾坦言，母亲一直相信他能做到。

我问琼，为什么她坚信斯科特有勇气放弃财富和职业成就，转而去创办一个非营利性组织来改变世界？

在她看来，无疑是儿时的教导打下了基础，它建立在富足的精神世界和自律地努力工作之上，在她重病时，斯科特得以借此熬过那段艰难的时光。后来，当他感到生活并不快乐时，也正是得益于儿时的教导，他做出了改变。

关于价值观的培养，她给我举了一些例子。斯科特念小学和中学时，她会帮他整理衣服、书籍和玩具，把其中一些送给有需要的孩子。感恩节和圣诞节时，他们会给贫困家庭送去火鸡或罐头食品。上高中时，斯科特参加的教会青少年组织用一周的时间在一个低收入社区协助建立起一个青少年中心，并且还为孩子们建了一所暑期学校。琼告诉我说，每次斯科特挣了钱，会捐 10% 给教会，自己存 10%，剩余的钱他可以自行支配，比如再捐给别人、自己花掉或者存起来。但斯科特在见到那个匮乏的社区后，大为触动，把所有的钱都捐了出去。

斯科特十几岁的时候，琼得了重病。"因为我完全不能动弹，所以他必须帮他爸爸打理房子，还要照顾我。"整个家庭的精神氛围再次强化了他的认知，即便在逆境中，也要看到他人的善意所带来的积极影响。

"正是因为我的病，斯科特在行动中见证了他人的同理心。教会向我们提供食物，帮我们打扫房间，在我去看医生的时候照顾他。一位女士甚至还替我给他买过衣服和鞋。"在琼看来，得益于这些经历，斯科特成长为一个极具同理心的人，他可以毫不犹豫地挥别优渥的生活，转而去拯救生命，为世界偏远角落的人们提供清洁水。

亚当和斯库特·布劳恩：为同理心留一点空间

我们在探讨竞争的章节中（原则二）介绍过亚当和斯库特·布劳恩。亚当辞去高级咨询工作，创办了非营利性机构"希望铅笔"（Pencils of Promise），彼时他的银行账户里只剩下 25 美元；如今，该机构资助建立的学校遍及全球各地。

ABC 新闻称其为"全国话题度最高的非营利性组织"。斯库特则成功策划了当代最成功的几场音乐表演。他们还有一个从医的妹妹。

两兄弟的成功得益于早年由父母培养起的同理心和所灌输的全球意识。亚当和斯库特十几岁时，父母从莫桑比克收养了两个男孩。即便没有血缘关系，但几个孩子之间建立了亲密的兄弟情谊，继而激发了亚当想要在全球建立学校的愿望；斯库特则邀请贾斯汀·比伯和他的母亲来到亚特兰大，给他们买了房子，并协助贾斯汀踏上了巨星之路。贾斯汀在发售"相信"（Believe）全球演唱会门票时，承诺每售出一张门票便捐赠给"希望铅笔"运动 1 美元，这笔钱新建了 15 所学校，布劳恩一家对彼此的扶持继而也享誉全球。

"我们家很注重家族传统，"两位成功人士的母亲苏珊坦言，"孩子们很了解自己的先辈们，他们因此塑造了自我。他们的祖辈和曾祖辈都是从欧洲来的移民，白手起家。"

尽管布劳恩家的孩子们在成长过程中并没有面临太多的逆境，但父辈和祖辈们的经历却教会了他们许多东西。苏珊告诉我，孩子们从小就被教导要珍惜现有的一切，时刻关注他人所遭受的苦难和困境：

> 父亲去世时我还很小，母亲只有 35 岁，却要独自抚养三个孩子。而我丈夫那边，上一辈的老人都是大屠杀的幸存者，几乎没有多少家人还活着。他们的故事对孩子影响很大。
>
> 所以作为父母，两方都有过类似的经历，即事情并未照你所预想的发生。你必须要改变计划，这对于我们来说仿佛成了一种刻在骨子里的本能。所谓安全的道路可能突然间就不再安全了，而你要做的就是另找出路，继续前进。

苏珊告诉我，这种人生观给孩子们带来极大的影响，但他们并未因此而变得谨小慎微，反而被激起了想要去探索未知的雄心壮志：

> 他们并不害怕失败，而是视之为一种学习体验。他们不怕从悬崖上摔落，比起我们来说，他们有一张更大的安全网，即便我们说，毕业之后你们就得完全靠自己了。但他们依旧比我们更有安全感，也更自信。

同样地，苏珊也是一位职场妈妈，而她培养出来的孩子独立性也非常高：

> 我 24 岁时有了第一个孩子，那时候我经常在外面工作，没有多少闲暇时间。就算我想，我也当不了那种"直升机式"的母亲。因为我没有办法

为他们做那么多事，但在我看来，这反倒有助于他们的成长。每次我下班回家，他们已经搞定了一切，尤其是那些本应求助于我替他们解决的事情。这让他们变得独立且适应力强。

但这并不代表孩子们可以随心所欲，正相反，他们很早就学会了尊重权威：

> 因为我是一名牙齿矫正医生，我见过很多年龄在 11—15 岁的孩子。我觉得这些孩子小时候大多都被"过度"照顾了，等上了中学，突然之间，父母"消失"了。但我们家的情况并非如此。
>
> 我们有明确的规矩，对行为举止的要求非常严格：要尊重他人、认真完成作业、按时睡觉。家里的规矩很多，孩子们非常不适应，但正如我奶奶所言："你们哭总比我哭强。"

对于布劳恩一家来说，自怨自艾和自私自利都是不存在的。这非凡的一家子不仅会探讨如何向他人敞开心扉，他们甚至还向外人真正敞开了自己的生活：

> 我丈夫夏天的时候当篮球教练。有一年，来自莫桑比克的交换生萨姆（Sam）和科内里奥（Cornelio）加入了我们儿子的篮球队。他们一个 16 岁，一个 17 岁。我们带他们回家住了几周，为他们提供力所能及的帮助——两个孩子再也没有离开过。
>
> 这两个孩子一个比亚当大，一个比他小，那时候亚当自己刚上高三，既要辅导他们的课业，还要帮助他们融入集体，这相当于是对他提出的额外要求。但通过帮助那两个孩子，亚当得以学会通过另一种方式看待世界，开始懂得感激一切曾经习以为常的东西，比如拥有属于自己的课本。萨姆和科内里奥眼中的世界震惊了他们。他们刚来不久，就发生了"9·11"恐怖袭击事件，两个孩子惊诧于居然可以有人就此撰文批评而不被逮捕，遑论还存在厌食症的女孩！他们无法相信居然有人明明在有东西吃的情况下却选择绝食。而自己这两位新兄弟的反应也给孩子们带来很大的影响。

将萨姆和科内里奥纳入家庭只是一种途径,通过以身作则,将家族的价值观灌输给孩子们:即他们可以做出改变。此外,苏珊还借由其他方式向孩子们展现了更广阔的人生选择。

她鼓励儿子们从小就自力更生:

我们希望孩子们利用暑期打工,两个男孩从 14 岁开始做救生员和夏令营辅导员。高中时,亚当组织篮球夏令营,大学那会儿则通过贩售 T 恤和举办派对为柬埔寨的一个儿童基金会筹款。斯库特在大学里负责组织派对活动,经常来帮他的弟弟。

大三那年,亚当申请参加"海上学期"(Semester at Sea)项目。第二年夏天,他和朋友们去东南亚游历了 6 个星期,随后又在澳大利亚待了一个学期。他在贝恩公司(Bain)找了一份咨询工作,6 个月后正式上班,于是他独自一人到中南美洲旅行了 3 个月。

亚当在贝恩公司工作了 15 个月,2008 年,他休假创办了"希望铅笔",并在老挝建立了一所学校。他发现自己无暇兼顾两者,贝恩方面也提出他必须做出选择。他照做了。如今,亚当已经在全球发展中国家建立了 350 多所学校。

看到世界全貌,践行同理之心

在培养孩子对这个世界怀抱强烈的同理心之前,你需要让他们知晓,外面的世界究竟是怎样的。你可能会说这不是显而易见的吗?但事实上,终日的抚养照顾、保护孩子不受伤害所带来的压力很容易导致父母忽视更长远的愿景。通过让孩子接触不同的文化、情境和概念,有助于培养其更加开阔和包容的世界观。此外,基于对众多成功人士及其母亲的采访,我发现这些母亲们偶尔还会更进一步。

她们似乎格外擅长维系一种平衡:既鼓励孩子将自己视作充满力量和有能

力的人，可以做自己想做的任何事，但与此同时，也教导他们与外界建立联结
的重要性。

布莱克·麦考斯基：践行同理之心

你可能还记得我们在探讨有关输赢的那一章中（原则二）介绍过的慈善鞋
业公司 TOMS 创始人布莱克·麦考斯基。布莱克的母亲帕姆告诉我，在创办了
几家公司之后，发生了一件改变他人生的大事：

> 布莱克决定先休一个月的假，然后再和他的一位导师开启一项新的工
> 作。有两件事他一直想做——学习驾驶帆船和打马球，所以他去了南美。
>
> 他刚刚在巴西待了两周，学习如何驾驶一艘大帆船，彼时他住在阿根
> 廷的一所马球学校。他在一间咖啡馆遇到几个美国人，后者正打算送一批
> 旧鞋子去孤儿院，他们邀请他同行，"我们走！"他痛快地答道。
>
> 然而，村子里的一切都让他心碎，那里是如此贫穷和肮脏，他简直见
> 所未见，大多数孩子连一双鞋都没有。

大多数局外人或许也会对这样贫困的南美村庄感到难过，然后照旧过他们
自己的生活。几乎没有人会想要寻找一种新的途径，让那些孩子们能够有鞋穿，
遑论让全世界的孩子都有鞋穿。也鲜少有人考虑过，实现这一目标的前提又是
什么。不是所有人都像帕姆那样抚养自己孩子的，她告诉我，培养孩子的同理
心是她对子女教育的重要组成部分：

> 每年圣诞节，我们会通过教堂资助三四个家庭，买衣服和玩具送给孩
> 子们。我在"国际同情组织"（Compassion International）收了三个孩子，
> 还有幸去埃塞俄比亚见过其中一个。帮助不幸的人一直是我们的家族传统。
> 孩子们会看到我们的行动，这就是我们的生活方式。

帕姆告诉我，在阿根廷的那天，布莱克的第一个念头是："我要回去筹钱

给他们买鞋。"他随后想的是，要创办一家慈善机构。不过很快，他开始思考起可持续性的问题，不能永远依赖拨款和捐赠。他和阿根廷的一位创业者阿莱霍·尼蒂（Alejo Nitti）——正好也是他的马球教练——讨论了一个点子：每卖一双鞋，就送一双鞋。阿莱霍·尼蒂直接道："你简直疯了！"不过，最终两人成为商业伙伴。他们找了一间被改造成小型工厂的车库，专门制造经典的阿根廷帆布便鞋Alpargatas，布莱克决定在当中加入一些时尚元素。他给公司取名TOMS，寓意"明日之鞋"（shoes for tomorrow）。帕姆继续向我讲述了之后的故事：

> 那是在2月，他带着他的Alpargatas鞋回到家，没日没夜地工作。后来，他终于找到自己的第一个零售商客户American Rag（总部位于洛杉矶的美国买手店，主营商品为牛仔服），这家公司意识到他们出售的不仅仅是鞋子本身，而是一个故事。《洛杉矶时报》听说了这件事，撰写了一篇著名的报道。我们所有人都在店里帮他打包鞋子，那个夏天他整整卖了1万双鞋。这也就意味着，他可以捐出去1万双鞋。
>
> 我们第一次回到阿根廷发鞋是在10月，所有的鞋都送出去了。那种感觉简直无与伦比。如今，他已经在全球70个国家共计捐赠了4500万双鞋。后来，布莱克又开始卖太阳镜，每卖出一副，一个孩子就可以得到一份与视力相关的礼物，例如视力检测或一副眼镜。

TOMS目前市值超过5亿美元，2014年，贝恩资本（Bain Capital）收购了该公司一半的股份。

但对帕姆来说，最重要的从来都不是钱，而是家庭，她告诉我：

> 我们一家人的关系非常亲密，如今我们还会一起旅行。在我看来，这种亲密感是你能够给予孩子的最宝贵的东西，这也是我们一直以来所尝试去做的，我们爱他们，会一如既往地支持他们。

帕姆告诉我，在子女身上，她发现了一个惊人的巧合：

布莱克几乎每天都写日记。有一天，当他把日记拿给我看的时候，我惊讶地发现，他和佩奇竟然在同一天成立了自己的公司，也就是佩奇生日那天——2006年2月26日！他那会儿身处阿根廷，他在日记里画了一双鞋，在旁边写道："今天买一双，明天送一双；TOMS就是明天的缩写。"而我那天则去洛杉矶给佩奇过生日，她告诉我她决定用长辈们给她庆祝生日的钱买一台二手缝纫机。他们在同一天分别创办了TOMS和Aviator Nation。

肖恩·卡拉索：忠于你的良心

此前，我们介绍过"放下哨子"组织的联合创始人肖恩·卡拉索，他学到的一则重要的人生道理便是，逆境并不会令人陷入孤立和绝望（原则六），相反，我们可以利用逆境同他人建立联结，并向身处苦难之中的人们施以援手。

现在知道肖恩既体贴又富有同理心的人多半会惊讶于，这些形容词鲜少会出现在少年肖恩身上：

> 我是一个内心充满愤怒的孩子，经常反抗权威。或许是我的血统使然，我有意大利人、希腊人、西班牙人、摩洛哥人、犹太人、印第安人、瑞典人和挪威人的血统；又或许因为我是在丘拉维斯塔（Chula Vista）长大的，那儿地处圣地亚哥和墨西哥的边界，是这个国家有名的暴力地区。我就住在毗邻国界的地方，周边帮派文化很浓。七年级时我搬家了，我很多朋友都加入了帮派。等到了18岁的时候，几乎我所有的朋友都进过少管所或者戒毒所，甚至还有人死于吸毒过量。

> 我在一个边境小镇长大，所以小时候我经常会问一些答案不怎么美妙的问题。每周末我会和母亲一同去墨西哥冲浪一个小时，我见证了两个世界的差异。我问过很多次，为何边境两头的生活会如此不同。

> 母亲和我就有关贫困的话题开始了漫长的探讨。她愿意聆听我的沮丧，与我一同分担那些情绪。即便没有正确的答案，但我们还是谈论为何人们会允许世界变成现在这样。她没有研究过这些问题，却从来不拒绝替我解惑。

肖恩的母亲并没有选择把他保护起来，而是让他直面一个更加宽广与令人不安的现实，鼓励他去思考、去关注。

> 13 岁时，父母觉得丘拉维斯塔的环境实在太暴力了，他们想带弟弟布雷顿（Breton）和我离开。于是我们搬到了得州的奥斯汀市，那儿简直就是另一个世界。整个社区的人都很富有，孩子们穿卡其布的裤子和粉红色的马球衫。但我讨厌那一切。我适合待在丘拉维斯塔，我不属于这里。所以我经常离家出走。
>
> 但我也理解为什么父母想要离开。自暴力衍生而出的恐惧仿佛一顶斗篷牢牢笼罩着你。而在奥斯汀，我还记得深夜外出时，一辆车从身边驶过，我第一次不用再跳到石头后面，以防有人从车里向我射击。生活在一个没有恐惧的安全环境当中，我可以平静下来，继而茁壮成长。

肖恩告诉我，父母除了鼓励他质疑规则，寻找更好的做事方法之外，还支持他相信自己对于是非的判断：

> 父亲教导我，这个世界没有什么规矩可言，只要你忠于自己的良心。你要自己做决定。哪怕我才只有一年级，他也允许我质疑各种权威，包括他作为父亲的权威。如果我能够给出一个更好的理由，并且条理清晰地表达出来："我觉得你是错的，因为……"他就会三思。如果我的理由站得住脚，他会改变自己的想法。
>
> 这对我来说至关重要。我感觉自己受到了尊重。我意识到自己的想法可以改变现实。诚然，偶尔这也会给我带来一些麻烦，比如老师就不喜欢我质疑他们。

"我意识到自己的想法可以改变现实"这句话无疑抓住了成功者思维模式的精髓。成功人士在成长过程中不仅相信他们的想法，拥有坚定的信仰和热情也很重要，他们还可以利用这些东西改变世界。正因为父母鼓励孩子打造属于自己的是非观，而不是简单地服从权威自上而下的专制规定，肖恩继而确立了强有力的道德观：

> 随着年龄的增长，同样的情况也发生在毒品、酒精和性上——这些对青少年来说都是很难抵挡的诱惑。父亲让我坐下，对我说："这些事情我都做过，你也看到它们是如何影响我以及我的朋友们的。你必须自己判断什么是对的。"所以我从来不觉得有必要打破规则，我大多数的选择都是正确的。就算我做错了决定，也并非像我大多数朋友那样出于逆反心理。
>
> 这是父母教给我的最重要的一课。在某种程度上，你知道什么是对的，什么是错的，你要懂得倾听内心的声音，并有勇气跟随它。
>
> 我一直很喜欢圣雄甘地的一句话："请记住，历史上的暴君和杀人犯层出不穷，有那么一段时间你会觉得他们无坚不摧，但他们终将坠落，毫无例外。"
>
> 我就读于得克萨斯大学，差三个学分毕业。我一直学不好 BIOL 301（一门关于疾病机制及疾病在人体主要器官系统中表现形式的研究课程），并且我想抓紧时间开启未来的人生。

20 多岁时，肖恩搬到洛杉矶，结识了 TOMS 创始人布莱克·麦考斯基。2008 年，肖恩参与了 TOMS 在南非举行的第二次发鞋活动。随后，他开始在非洲背包旅行，在刚果遇到了前文提到的几名儿童兵，这也对他创办"放下哨子"有所启发。

父母总想着保护孩子免遭痛苦和折磨，担心这会让他们伤心或害怕。

这其实是人之常情，但我采访过的大多数母亲却采取了另一种方式，她们并没有那么多的担忧，而是怀抱着更高的期待。让孩子直面真正的问题，教导他们可以通过自身的行动施加影响，此举反而有助于孩子去接纳这个世界，而非对其产生恐惧心理。这是对现实及可能性的肯定。孩子们继而会知晓，是的，这个世界固然有种种磨难，但我们可以做的事同样有很多。

在肖恩的例子中，父母向他直言各自所经历的不幸，也并未粉饰他眼中所见的这个世界的贫穷现状。此外，他们赋予他将同理心付诸实践的工具。

原则八

爱与支持，筑起和睦
的家庭

我采访过的大多数成功人士同父母和兄弟姐妹的关系都非常亲密。无论家庭大小，贫穷还是富有，是传统式家庭还是非传统家庭，父母是双职工还是有一位全职带孩子的家长，都能够给孩子带来一种安全感，他们坚信，但凡需要，背后一定会有一张安全网。

诚然，许多关系亲密的家庭并不会培养出事业成功的孩子，但能够彼此扶持的亲密家庭氛围无疑有助于培养孩子的自信心，而这些孩子往往更容易形成敢于冒险和实践的品格。至于孩子是否能够真正在他热爱的领域做出一番成绩，主要取决于家长对孩子是否持有一种鼓励、信赖和支持的态度。

我仔细研究了家庭结构，试图找寻培养出成功人士的特定家庭类型，可惜毫无所获。他们当中有的来自典型的核心家庭：一双父母带着几个孩子；很多人父母离异或由单亲妈妈抚养长大；有些人的母亲是全职妈妈，在家抚养孩子；也有职场妈妈，不少人工作强度还非常大。有的孩子是兄弟姐妹中年纪最大的；有的是独生子女；有的在三四个孩子里排行居中；有的孩子年纪最小，上头可能有三个、四个、五个甚至七个哥哥姐姐。有的家庭富裕，有的来自中产阶级，还有的家庭几乎入不敷出。有些人和继兄弟姐妹生活在一起，或者有同母异父（或同父异母）的兄弟姐妹，有的家庭还收养了其他孩子。

看过这些家庭的情况，我不得不说，重要的不是家庭构成，或者父母是否离婚，甚至于未必一定要"父母双全"，关键在于父母的态度。

所以当你看到格雷格·甘恩、布莱克·麦考斯基或者埃里克·瑞安的例子，你会想当然地认为这些人注定成会成功。因为他们每个人都可以说是来自一个完美的家庭：父母婚姻幸福，是家里的老大，所有家庭成员互相友爱。但一定还有许多同样优秀的人成长于截然不同的家庭环境。事实上，就本书中介绍的所有成功人士而言，这三位都属于例外情况，绝非常态。家庭结构之所以无关紧要是因为他们都是在充满爱和支持的环境中成长起来的，他们从家人处汲取力量，并始终坚信，家人会站在自己身后。

重要的是不仅家人要爱护你（无论家庭的具体境况如何），他们还要信赖你，鼓励你去追求自己喜爱的东西，相信你能够做出正确的选择，并不害怕你会失败。

伟大的家庭培养出伟大的领导者

如果说我采访过的大多数自己创办公司的人均来自和睦的家庭并非偶然情形的话，那么，他们能够打造出好比第二个家一样的优秀企业也就不令人意外了。他们信赖、支持他们的员工，尊重个体之间的差异，为员工营造适宜的工作场所。这便是新一代的商业模式，不再有高高在上发号施令的专制老板。在这些企业里，大伙儿就像是家人般彼此照应，正如他们曾经的成长环境一样。

蒂娜和杰西·罗伯逊：接受一切

在谈及如何面对逆境时（详见原则六），我们介绍过蒂娜·罗伯逊，她和妹妹杰西一同创办了 Modo 瑜伽。而她们的母亲珍妮特在亲友眼里无疑是一个传奇。当我问及珍妮特是如何培养孩子成为自信成功的创业者时，这位母亲反问道："我并没有做什么特别的事。我教育孩子遵循几个原则，那就是倾听、尊重并怀有一颗感恩的心。难道不是所有的父母都会这么做吗？"而我想说的是："倘若果真如此的话，那么这个世界一定会比现在要美好得多。"

以下是蒂娜向我讲述的关于母亲珍妮特的故事：

> 母亲经常说，孩子其实是你的老师。"我从来不认为自己是家长就该知道所有问题的答案。"她的座右铭是："假使你愿意尝试去接受一切的话，生活会有趣得多。"
>
> 大伙儿都对我们家赞不绝口。母亲有一种惊人的天赋，能够看清每个人的内在，发掘他们所有的可能性。她对每一个人说："你简直棒极了！"

听者没有不开心的。

母亲对我们的爱仿佛永无止境。我们从来不需要去争抢她的关注，因为我们很清楚她有多爱我们每一个人。她也从不会限制我们，我们想要做什么、想要成为怎样的人，她都能够接受。我之所以从来没有和姐妹们打过架，正是因为我们不用去争夺母亲的爱和关注。我们每一个人都是她最重要的存在。能够成为一名母亲，她非常开心。

蒂娜还告诉我，她们家经常会收容流落街头的人还有流浪狗，有的人甚至会在她家待上好几年。

"每个人固然都有自己的原生家庭，但你也可以选择你的家人。"蒂娜坦言。

这种对待社区的态度，加之始终相信有足够的爱可以给予，充分体现在Modo瑜伽的创办理念中，在这里，蒂娜和杰西希望每个人都有宾至如归的感觉。

Modo瑜伽馆如何折射出蒂娜姐妹儿时所处的家庭环境，珍妮特给我举了几个例子：

我们的座右铭一直是"傻人有傻福"。曾经我无意中听到一位家长在杂货店对孩子说："别傻了。"我当时的反应是，真可怜！我们用纸胶板做了很多五颜六色的悬挂物，每个看上去傻乎乎的。瑜伽馆一直致力于营造这种愉悦的游戏氛围。在我看来，正是这种愉悦感令她们拥有了一批忠实客户。

游戏是女孩儿们成长过程中重要的组成部分。我们会尝试用牙签和鹰嘴豆搭巴克敏斯特·富勒（Buckminster Fuller）的经典建筑，这有助于她们了解什么是设计。想到后来蒂娜和杰西亲自设计了5个瑜伽馆，还为其他70间工作室提供了设计建议，我不由会心一笑。小时候她们用硬纸板和生面团设计和制作玩偶之家里的所有家具，显然，这要比撕开现成玩具的塑料包装袋更有助于激发孩子的想象力。

我们还会将不同颜色的蜡烛滴落在盛满水的碗里做成雕塑，整个过程大概需要一个多小时，雕塑的形态各异。这教会了她们，如果从容不迫、循序渐进的话，结果可能会出乎意料的美丽，同时也有助于培养她们的耐心和专注。如今，蒂娜和杰西的事业正稳步发展。

我一直非常尊重三个女儿的个体差异。如果打算烘焙意大利青瓜面包，我会给她们每个人准备一个碗，让她们根据自己的喜好来做。

我会观察并鼓励她们做自己。在我看来，杰西和蒂娜之所以在事业上如此合拍，很重要的一个原因就是她们知道彼此是谁，并且能够尊重互相之间的差异。

姑娘们的个性非常鲜明。杰西热爱阅读，学习成绩一直很好，后来去麦吉尔大学（McGill）念书。而蒂娜并不想上大学，她是动手能力非常强的人，什么都会修。她们截然不同，但却能够尊重彼此的特长，和睦相处。杰西对学术的兴趣和环保意识与蒂娜崇尚运动的热情以及与各团队的默契度可谓"动静结合"，共同奠定了 Modo 瑜伽成功的基础：蒂娜给团队成员加油打气，让欢声笑语不断，而杰西投入的则是智慧和冷静的大脑。

珍妮特坦言，家里也有很重要的传统：

我们家非常注重犹太节日和传统。在光明节（Hanukkah）为期 8 个晚上的庆祝活动中，每个人都要挑选一个晚上为其他家人送上祝福（而非礼物），例如"我希望你……"。内容一定是要经过深思熟虑的，并且能够给他人带来快乐。

在珍妮特看来，这一优良传统塑造了女儿们对待事业的态度：

我认为这对开公司来说很重要：什么能够给他人带来快乐。不仅仅是自己，还要让员工和客人们都感到快乐。她们瑜伽馆安装镜子之前会邀请客人前来，在墙上写下各自的愿望，所以这些人之后每次来都记得自己的希望和梦想就写在那面墙上，在那些镜子后面。

她们把它称之为"心愿墙"。只要你心中有念想，就把它写在上面，你的愿望就会实现——她们一直如此相信着，因为在家里她们经常这么做。

我母亲经常说："只要你好好生活，总会交好运的。"我对此深信不疑。无论我们做什么都心怀感激，感谢我们的天赋，我们的福报和我们的家人。

我父母50多岁就去世了，那时候我的孩子还没出生。我时常会给女儿们讲过去的故事，让她们能够了解自己的外祖父母。每当我们看到数字1003时，例如10:03分，我就会给他们讲一个关于我父母的故事，因为1003是我家的地址号码，我就是在那栋房子里长大的。

那么，珍妮特又是如何鼓励女儿们去实现理想的呢？

"花时间去聆听你孩子的话，不要一心多用。只是去听。让她们表达自己的想法，孩子们知道自己需要的是什么，这是底线。"

布莱克·麦考斯基：公司就是家

当布莱克·麦斯基谈及公司（TOMS）经营时，你会自然而然地留意到他母亲帕姆的影响，她以身作则，培养孩子的勇气和同理心，并支持他去追求自己热爱的东西。伟大的家庭培养出伟大的领导者。一个和睦的家庭教会了他很多东西，布莱克将之化为己用，成长为一名出色的领导。他经常说，作为TOMS管理层的一员，他的职责之一就是帮助他人更好地开展自己的工作，他建议公司高层去服务团队中的每一个人，并将这一理念称之为"服务型领导"。

布莱克对待错误的态度是积极的，他认为犯错有助于公司学习和成长，他坦言，自己与员工建立信赖的方式之一就是勇于承认错误，并向他们传递，错误也可以转化为机遇。

布莱克承认，在TOMS经营过程中他也犯过很多错误，但因为他愿意承认这些错误，并通过实际行动向员工证明，他不会掩盖自己的错误，也不会把错误归咎于任何人。正如他在《用一双鞋改变世界》一书中所言："如果能够跳出自己的舒适圈，给予他人更多的信赖——比那些商业类书籍建议你的还要多——那么就算犯错会付出一定的代价，但从长远来看，你将因此而获益。"

看到他们能够将自己从家庭生活中学到的指导原则应用于日常实践无疑令人振奋，比起言语，行动显然更加重要。

所有本书中介绍的父母都支持自己的孩子，正如这些创业者们无不支持他们的员工。父母尊重孩子们的个体差异，创业者也尊重员工的个体差异；父母信赖他们的孩子，创业者信赖他们的员工；父母为孩子们打造了一个充满爱和欢乐的家庭，创业者则为员工营造出适宜的工作氛围，让他们愿意花时间去工作。虽然家庭结构不尽相同，但所有这些成功的创业者均成长于和睦的家庭环境，也都创办了非常优秀的企业和组织机构（尽管形态各异）。

家庭价值观指导创业实践

在采访成功人士及其母亲的过程中，还有一件事给我留下了极深的印象，即家庭的价值观和实践是如何影响这些成功人士在其所开创的领域和事业中开展具体工作的，这些价值观和实践可以是关于食物和营养、包容与自力更生抑或学习的重要性。

艾伦·古斯塔夫森：出现在有需要的地方

我们在谈及如何应对逆境的章节（详见原则六）中介绍过艾伦的故事：少年时代她遭受了同学们无情的嘲笑，但却逐渐培养起自信尝试去表演，随后又同他人联合创办了 FEED 计划与其他食品倡议项目。她同我讲述了在一个亲密家庭环境中成长的重要性，以及家庭生活——包括三餐、政治讨论和周游世界——是如何影响她成年后所从事的重要工作的。

艾伦上高中时，父亲开始创业。固然取得了一些成功，但也经历过失败。"这让我了解到，只要背后有家人支撑，你就可以去大胆地做自己想做的事，因为就算失败，大家也会陪伴在你身边。"

在为写作本书采访成功人士及其母亲之前，我曾试想过会有哪些原则，比如我就想过一条"每晚和家人一起吃饭"，但这其实并不准确。有些家庭是这么做的，艾伦就是其中之一。她告诉我：

> 我们经常在家里做饭吃，我们自己有花园，从本地农贸市场买菜，母亲说这样比较便宜，那确实对我现在的事业有所帮助。

与父母共进晚餐时，经常听到两人针对政治问题进行激烈的辩论（因为他们一个是自由派，一个是保守派），艾伦因此了解到事物的一体两面性。每个星期她都会逐页阅读《时代》杂志，了解别人在说些什么。

此外，艾伦和父母一起游历了美国和中东的许多地方，还在俄罗斯待了一个月：

> 只有我们三个人，那场旅行无疑加深了我们彼此之间的亲密度。同时也给了我日后独自旅行的自信。虽然没有钱去安排那种多姿多彩的度假行程，但父母抓住每个机会带我去看这个世界。

艾伦一家还接待过两个外国交换学生，一个来自法国，另一个来自西班牙，艾伦和他们的关系都很好："父母让我接触了很多不同的人、文化和思想。如果没有他们，我就不会有今天的成就。"

和许多我采访过的成功人士一样，艾伦的母亲也经常要工作。而她能够取得今天的成就，最重要的原因是，父母不光嘴上说她是一个有能力的人，还创造机会培养她的个人能力：

> 父母希望我可以打点好自己的事情，但因为母亲一直在工作，他们不会盯着我做作业，而是希望我能自觉完成。母亲真的很理解我。在帮助我和放手任我自行做决定之间，她总能找到一种平衡。在我需要的时候她一定会出现，即便大多数时候我都得靠自己。举个例子，放学后我步行去上

舞蹈课，但她会来接我下课，倘若我真的需要她帮助，她一定会在。

亚历克西斯·琼斯：满溢的爱

继尝试过体育运动、模特和表演后，亚历克西斯·琼斯创办了女性赋权在线社区"我就是那个女孩"（详见原则一）。亚历克西斯告诉我："母亲是我见过的最不可思议的人，是上帝赐予我最好的礼物。"

我将亚历克西斯的话转述给她的母亲克劳迪娅·曼，她答道："她这么讲真是让我受之有愧。"克劳迪娅告诉我，虽然亚历克西斯大部分时间都和她住在一起，但他们那个大家庭，包括父亲、继母、祖父母、四个哥哥、同父异母的兄弟和继姐妹，"每个人都出了力，帮助她成长为如今的优秀女性。"

克劳迪娅本人在俄勒冈州长大，父亲是位伐木工人，家里连高中毕业生都没有。继兄更受家里的偏爱，于是，16岁时她离家出走。后来，等她有了自己的家庭，她告诉自己一定要一碗水端平，对亲生孩子和继子女一视同仁。"从一开始，这就相当于是个打包协议，你怎样对待一个孩子，就要同样对待所有的孩子。我的工作涉及家庭法，我经常敲打我的客户，这无关自我意识，而是为了孩子好。"

住在得州奥斯汀市的时候，克劳迪娅晚上兼职当酒保，白天则在得克萨斯大学自动修理进修班授课——很少有女性做这个，这让亚历克西斯意识到，性别在个体职业生涯中并非决定性因素。作为一位全职妈妈，克劳迪娅通过获取大学文凭努力提升自身技能，而这一切举动孩子们都看在眼里。"我43岁重新念大学，拿到了学士学位。孩子还小的时候，我就下定决心要供他们大学毕业，这样一来，他们就会比我有更多的选择机会。"

亚历克西斯是五个孩子中最小的，第四个孩子比她大4岁，而最年长的比她大18岁，她和哥哥们经常参加运动比赛，家里所有人都会给他们加油鼓劲。"我经常教导他们以学业为重。"但克劳迪娅也愿意再付出多一点，比如，她曾花一个星期的时间驱车1000英里到圣安东尼奥（San Antonio）、休斯敦（Houston）和达拉斯（Dallas）观看孩子的比赛，即便那时候她还有两份工作要做。"只要有需要，她就会出现"，克劳迪娅将这种意念传递给自己的女儿：

我会培养亚力克西斯的独立性，教导她除了自己不要依赖任何人。我母亲告诉我，只要肯努力，你可以做任何想做的事。所以我也告诉我的孩子，一份工作往往有许多应聘者，但唯有那些工作时间最长、最努力和最可靠的人才能获得职位。

克劳迪娅坦言："没人给过亚历克西斯任何东西。她每周工作6天，每天工作12小时。我教导孩子们：'你想要什么都可以，但你得找到方法。'"

亚历克西斯想去南加州大学读研究生，她被录取了，但我们没钱交学费。她朋友建议说："你可以住在我们比弗利山的车库里，只需把里面的东西搬出去，然后支付每月135美元的保管费。"于是，我负责支付保管费，而亚历克斯西则用奖学金和学生贷款付了学费。这就是我们想到的办法。

我相信亚历克西斯是唯一一个住在车库里的南加州大学研究生。她用一年的时间学完了两年的研究生课程，这样学费更划算些。她真的是拼尽了全力。我对我的孩子说："能够限制你的唯有你自己的想象力。"

"我就是那个女孩"鼓励女孩子们互相支持，挖掘彼此真正的潜力，而实际上，亚历克西斯在为全球女孩子所做的事正是家人曾为她做过的。亚历克斯西告诉我：

我的故事要追溯到我的母亲，一位"胆大妄为"的女性，她相信女儿未来将无所不能。母亲白天做两份工作，晚上还要念夜校。她希望给所有孩子平等的爱。尽管我还有同父异母的兄弟和继姐妹，但母亲经常说："一家人就是一家人。"母亲对我们一家的期待是：要无条件地爱彼此，我们是一家人，永远要互相扶持。

我得到了太多无条件的爱与支持，那种感觉就好像中了彩票。母亲经常教导我们："只要有爱，不管你漂不漂亮或者有没有钱都无所谓。"在我们眼里，没有什么事是不可能的。当我告诉母亲我想支持女性运动时，母亲回应道："当然可以，我们这一代有奥普拉（Oprah），你们这一代就可以是你！"能够在这样的家庭环境中长大真的非常棒。

马特·马伦韦格：退学的超级巨星

在创建了网站开发公司 Automattic 后，马特·马伦韦格（Matt Mullenweg）同他人联合创办了受众最广泛的在线内容发布平台——博客系统（WordPress），月访问量达 5 亿人次。马特登上过《旧金山纪事报》（*San Francisco Chronicle*）的封面，被《公司》杂志评选为"30 岁以下成功创业者 30 人"之一，并在 2009 年入选《商业周刊》"25 位最具互联网影响力的人"名单，且是其中最年轻的一位。他的天使投资公司奥黛丽资本（Audrey Capital）已经资助了 30 家初创企业。此外，马特还擅长摄影和演奏萨克斯管。他在休斯敦市长大，有一个大他 10 岁的姐姐，如今是一位计算机工程师。他的母亲卡特（Kathe）同我聊起自己的儿子：

> 马特出生时我说的第一句话就是："这孩子未来一定会有大出息。"在我看来，只要明确孩子真正热爱的东西，他们每个人都有无限的潜力。如果你每天对孩子说 20 遍将来他一定会出人头地，从出生那天就开始说，那么自打上幼儿园起他就会随时做好准备。
>
> 有了孩子之后我决定做一名全职妈妈。我尝试去培养他们的好奇心和求知欲。这样一来，终其一生，他们都会不断进行自我学习。

据卡特所言，随着时间的推移，马特的兴趣爱好也有所变化，除了体育运动之外，他还学着去参与其他领域的竞争：

> 一开始，马特喜欢音乐，但仅限萨克斯管。我想让他学小提琴，但他很坚决："我就是想演奏萨克斯管。"那时候他才上二年级。
>
> 于是，我们把他送到一所注重表演艺术的精英学校。从初中开始，直到从表演和视觉艺术高中（High School for the Performing and Visual Arts）毕业，他一直参加各类萨克斯管比赛。

在旁人看来，我是一位非常严厉的家长，因为我不允许孩子周中的时候看电视或者打电子游戏。

从三年级开始，马特经常玩电脑。小时候他非常害羞，但我教导他："多和人说说话，多听，每个人都有自己的故事。"

此外，他还很喜欢棒球，打过少年棒球联盟的比赛。我们有很多宠物，还有一个巨大的沙盒，里面有很多大号的 PVC 管。孩子们会动手搭帐篷、建造气象站。两个孩子都很快乐，懂得体贴人，我们一家关系非常亲密。

马特家注重培养孩子学习的乐趣，母亲鼓励他自主选择、追求自己的兴趣爱好：

我们全家人都非常喜欢读书。每隔几周，孩子们就可以挑选一本新书。到了圣诞节，他们可以选择一本书、一款游戏和一个玩具作为礼物。夏天他们会参加图书馆的活动，我还会让马特读私立学校的书单，因为在我看来，就算他念的是公立学校，也并不代表就一定会（和私立学校的孩子）有差距。

马特很小的时候就开始创业，第一单生意要追溯到他幼儿园时。他找了个大纸箱，里面装着玻璃清洁剂和喷雾水，纸箱边写着一行字："马特清洁公司，只收现金。"他想赚钱买一个随身听。

三年级时，他又开始创业，这次是帮奶奶的朋友们修电脑。他给自己做了名片，上面写着"小朋友当家做主"。能赚到钱他就很开心，只不过他总是忘记去兑现支票。

马特在计算机上花了很多时间，偶尔他弄坏一台电脑，必须想办法在他父亲回家之前修好。11 岁时，他加入休斯敦地区电脑用户联盟（Houston Area League of PC Users），用周六的时间免费帮助老人修电脑。初中时，他成立了掌上电脑用户小组。等到了高中，有人邀请他去本地的社区大学教计算机。

此外，马特还对经济学非常感兴趣，参加过美联储高校挑战赛（High School Fed Challenge），带领团队去华盛顿特区，并捧回了第二名的奖杯。这是他的母校第一次获得学术类奖项，毕竟那是一所表演艺术学校。

卡特鼓励马特学会独立，尽管有时候她也很难放手：

> 因为他就像是个独生子，所以我觉得他需要花更多的时间和其他孩子在一起，于是，从二年级开始，我就送他去参加夏令营。那是我这辈子做过的最艰难的决定。第一次是为期一周的得州天主教男孩夏令营（Texas Catholic Boys Camp），他很开心，于是中学每个暑假都会去。在学校里，他完全沉浸于音乐和计算机中。我因此了解到许多有关爵士乐的知识，因为他特别感兴趣。
>
> 在休斯敦大学就读期间，他不断接到工作邀请。此外，他还要开发博客系统。马特一直很苦恼到底要不要完成学业，最终，他决定辍学，因为上学对他来说毫无意义，白天的时间还不够他做自己想做的事情呢。

对于一个如此重视教育的家庭来说，卡特恐怕相当难以接受，但正如所有优秀年轻人的家人那般，她选择支持他的决定：

> 在开发博客系统的过程中，科技资讯网（CNET）邀请他过去做兼职，所以他选择退学。一年后，他离开 CNET，全身心投入博客系统的开发工作。
>
> 他退学这件事显然让我很不开心，但我还是开车送他去旧金山开始新的工作，帮他搬到那边的一间公寓。
>
> 只要他需要，我会一直在他身边，我觉得这是我的义务。我很享受和他待在一起的时光。我们家冰箱上贴着的一句话我非常赞同，它来自温斯顿·丘吉尔："永远，永远，永远不要放弃。"
>
> 所以我经常对他说："我已经等不及想看看你接下来要做什么了。"

成功人士如何培养自己的孩子

我采访的一些成功人士目前正在抚养自己的孩子，我特别感兴趣的是，他们在亲自培养未来充满无限可能的孩子的过程中有什么感想。毕竟，关于如何实现理想，过上自己想要的生活，他们都有一手经验。我想听他们谈谈自己是如何建立起家庭，以及如何向下一代传授经验的。得益于自身的童年经历，有一点是可以明确的：父母可以激发孩子们对某件事的热情，但倘若孩子的内心没有生出这种热情，家长也无法强行将其培养为某一领域的杰出人才。

但无论日后是否会成为成功人士，他们都希望孩子有动力、热情和工作责任感，正如曾经的自己那般：具备创造力、自信心、坚韧和无畏的品格，做自己喜欢的事情，充实而快乐地成长。

不过，这些抚养孩子的成功人士们同时也表达了一种担忧，当孩子处于截然不同的环境中时，成功的父母如何将自身成长过程中最宝贵的经验复制到孩子身上？在《逆转》一书中，马尔科姆·格拉德威尔谈到，家境富裕的家长想要不宠坏孩子需要面临极大的挑战。就算家长想要立规矩，但有时候"不，我们做不到"还是变成了"不，现在还不行"。这对父母而言可能更难说出口。他引用了心理学家詹姆斯·格鲁伯曼（James Grubman）的话："我必须教导他们：'没错，我是可以给你买，但我不会这么做。因为这同我们的价值观不符。'这就意味着，首先你要有一套明确的价值观，并清晰地将其表达出来，让孩子接受……"

换句话说，并非你要假装自己没钱或者不具备某些优势，而是要防止因这些优势扭曲重要的价值观：那些你从父母身上继承的，并立志要传递给下一代的东西。

罗伯特·斯蒂芬斯：退后一步

我们在谈及追求自己的兴趣爱好那一章（详见原则一）中介绍过"极客小分队"的创始人罗伯特·斯蒂芬斯，他已婚，两个儿子正值青少年时期。在抚养孩子的问题上，罗伯特花了很多心思，想要将自身成长过程中收获的宝贵经验教训传授给他们。

罗伯特很清楚，如果他拒绝给孩子们什么东西，一定是觉得不合适，而非力所不及。他想要孩子和自己一样，在成长过程中具备勇气和决心。

他告诉我，虽然家里有不止一辆车，但他要求孩子每天骑自行车上学，就算天气很差也不例外。他们也曾大声抱怨过，但罗伯特想要让儿子们懂得唯有通过努力才能取得成功。

在自身成长过程中，罗伯特认为最重要的是父母支持他做自己，于是他也以此为标榜来培养下一代。他对我讲述的内容得到了许多成功人士的认同：

> 回首过去，我发现父母能做的最重要的事情之一不是施加影响，而是去发现孩子身上所显露的天赋，然后给予支持。每个孩子都会提供线索：他们是谁、喜欢什么，只要留意你就会发现。然后，你要给他们自由，鼓励和表扬他们，这些都是表达支持的方式。吹毛求疵毫无助益，一定要多表扬孩子。
>
> 小时候我在家里的形象就是修理工，它为我指明了方向。将主导权交给孩子自己，你要说的是："我知道你可以做到，我能帮你什么吗？"
>
> 如果家长仔细观察，就会发现这种模式，就像我父母所做的那样。继而，我们必须要后退一步，给孩子充分的自由让其茁壮成长。

卡伦·梅里克：韧性至关重要

卡伦·梅里克（Caren Merrick）和丈夫菲利普（Phillip）共同创办了大型软件公司 webMethods。"你永远不知道会发生什么，我们营造了这样一种家庭氛围：你可以尝试一切，想做什么都行，只要你愿意承担风险并且努力工作，你将无所不能。所以我教导我的儿子们：'抓住机会，去追求你热爱的东西。'"

这只是卡伦将自己的人生经验传授给孩子们的渠道之一，另一种就是让孩子们通过做家务赚取零用钱。卡伦在家里四个孩子中排行第三，当时她哥哥姐姐已经开始创业了。"他们是非常优秀的榜样，父母给我们布置了很多任务，我们要做大量的家务，但同时我们也非常期待自己赚钱。"

我是在一场鼓励儿童慈善捐赠的会议上遇见卡伦的。一个小男孩刚刚滔滔不绝地讲述要把自己做家务积攒下来的零用钱和收到的礼物捐给抗疟疾行动"只需蚊帐"（由联合国基金会成员伊丽莎白·戈尔发起，我们在原则四中介绍过她），这个孩子就是卡伦的儿子杰克逊（Jackson），当时他只有 11 岁。他说："我在一场篮球联赛上看到'只需蚊帐'的标语，我觉得'那也太酷了'！所以我仔细研究了一下，发现它讲的是预防孩子得疟疾，拯救他们的生命。于是我就想，'如果我做家务赚来的钱和我的礼物能够拯救其他孩子的生命，那简直是一件非常了不起的事'！"

后来，卡伦和我谈及她尝试教给孩子们的道理。她想要让孩子尽可能多地去尝试不同的事物，同时让他们习惯于失败。在她看来，孩子应对失败的能力是未来是否能在自己热爱的领域做出成绩的关键，同时也有助于父母学习如何处理孩子的失败。考虑到这一点，卡伦鼓励儿子参加体育运动。两个孩子从 5 岁起就开始打篮球和踢足球，她很看重这两项运动对个体韧性的培养。

"平均法则告诉我们，大多数人在其所尝试的大多数领域都不会取得成功，所以韧性才是关键。"她特别欣赏他们足球教练的态度："我们输了，就从中吸取教训，弄清楚要如何改进，然后卷土重来。""我很高兴他能成为我儿子的教练，他教会他们比赛失利不是件可怕的事情，只要他们继续努力、不断学习，就一定会朝着目标稳步前进。"

苏珊·沃西基：团队的一员

我们在谈及培养自信心的章节（原则二）中介绍过油管首席执行官苏珊·沃西基的母亲埃丝特。埃丝特告诉我，苏珊经常会聊到如何在工作与生活中达成一种平衡，她已婚并有五个孩子，她会尽量回家和他们一起吃晚饭。埃丝特在抚养三个女儿的时候也是全职工作，她告诉我说，除了苏珊的工作强度更大之外，两人抚养孩子的方式可谓一脉相承：

> 我孙子和孙女们都有零用钱，但他们得帮忙养家糊口。他们不是那种

衣来伸手饭来张口的孩子。不像如今很多中产或中上阶层的家庭，家长仿佛仆人一般，万事都要以孩子为中心，家长帮孩子搞定一切。但在我看来，孩子也应该是团队中的一员。让孩子学会承担起责任，就像我的孙子和孙女们必须帮家里干活、做家务才能有零花钱，我自己的三个女儿小时候也是如此。

阿图罗·努涅斯："那不是我该做的事？"

阿图罗·努涅斯（Arturo Nunez）是苹果公司拉丁美洲市场的营销总监，曾担任耐克公司全球篮球营销副总裁。他性格外向，特别擅长讲故事，你经常会从他口中听到诸如"勒布朗""科比"和"魔术师约翰逊"等名字。

他在 TEDx Women 发表过一段精彩的演说，探讨如何改变传统的男性气概定式，从强硬派转变为懂得体贴照顾他人的人。

阿图罗在哈莱姆区（Harlem）长大，家境贫寒，父母是来自委内瑞拉和古巴的移民。在耐克总部工作时，他和家人住在俄勒冈州的波特兰市（Portland）。我们谈及如何在更加舒适的成长环境中培养子女同其父辈一样的坚毅性格，他向我讲述了一个非常有趣的故事。阿图罗小时候非常喜欢打篮球，只要机会允许，随时随地都可以打。有一天，他回家后想和小儿子打会儿球，但他看到外头的篮球场上有些落叶，于是他对儿子说："孩子，你去把落叶扫干净，然后我们投几个篮。"而他的儿子非常淡定地答道："那不是我该做的事，我会让妈妈打电话叫阿尔伯托（Alberto）来。"他的语气里并无傲慢之意，不过是在陈述自己的认知。

你可以想象阿图罗在讲起这件事时的表情，他提高了声音："我对我儿子说：'这不是我该做的事？'你在开玩笑吗？'我不该做？'那不是我该做的事？你赶紧给我滚出去把落叶打扫干净，然后我们打球！"

笑过之后，我们开始探讨成功的父母在培养孩子的道路上所面对的不同挑战，如何教导孩子去奋斗，具备同那些没有太多优势的孩子一样的动力、自制力和工作责任感。阿图罗坦言，他想要将自己在哈莱姆区成长过程中所学到的东西灌输给孩子，教导他们为内心深处的热情奋斗，自食其力，为将来取得成功打下坚实的基础。

迈克尔·威尔本：达标

后来，我把阿图罗的故事转述给 ESPN 体育评论员和《打扰一下》（*Pardon the Interruption*）节目联席主持人迈克尔·威尔本（Michael Wilbon）。他同我分享了另一件有意思的事，亦反映出当大环境彻底改变时，用同样套路培养子女是多么困难。

他儿子喜欢打高尔夫球，挥杆动作非常标准。有一次，迈克尔带他去参加比赛，一开始成绩不错，几个球打得都非常好，但不一会儿，出现了几杆失误，于是，他烦躁地扔掉球杆，准备离开草坪。他妈妈道："嘿，把球杆捡起来！"这位年仅 5 岁的小朋友答道："啧，需要的时候怎么一个球童都找不到？"

我们大笑不止。显然，迈克尔并不想让孩子在成长过程中觉得自己享有一些特权，他言之凿凿地告诉我，儿子的学生时代就准备让他当球童了。在迈克尔看来，这不仅仅是学习高尔夫球的最佳途径，更重要的是这样能培养孩子正确的工作态度。

卡罗丽娜·库尔科娃：父母是孩子的榜样

我们在谈及培养自信心的章节（原则五）中介绍过超模卡罗丽娜·库尔科娃。如今她有了自己的孩子，她每时每刻都在思考如何将从父母身上学到的东西传递给孩子。她告诉我，要牢记最重要的一点，即父母就是孩子的榜样，你的身教胜于言教。

如今，我想让儿子托宾（Tobin）接触更多不同的东西，让他找到自己的道路。为此，我必须真正聆听他的声音。他的优势是什么？弱点又是什么？只要仔细观察，你就会发现他喜欢什么，擅长什么。

作为家长，在孩子接触过各种各样的事物后，我会观察他的喜好和能力。而当他产生沮丧情绪时，我也不会轻易让他放弃。我先让他静一静，然后把事情的关键给他分析清楚。之后我再决定，这事是不是太难了？还是根本就不适合他？

我给他探索未知的自由，但同时我也希望他能够在某件事上坚持得久一点，不要一受挫就放弃。这是一个相当微妙的界限。

卡罗丽娜告诉我，她和丈夫阿奇·德鲁里想要给予孩子更多的陪伴，夫妻二人无论去哪里旅行都会带着托宾。她想要结合自己的成长经历抚养他：

必须立规矩。我们不会纵容或溺爱孩子。他得有能力在真实的世界中生存。我们也会培养他的独立性。我们希望他善良、富有同理心和责任心。

夫妻二人希望托宾不要事事想当然，这一点非常重要：

我希望他明白工作的重要性，以及努力就会有所回报。他会帮我们做饭，通过做家务赚钱给自己买玩具。他明白这是他的劳动所得，所以他得偿所愿。他会为此感到骄傲。

卡罗丽娜还同我总结了一条关键原则，我采访过的其他父母对此也深有感触：

我想竭尽全力去支持他，爱他。我想了解我的儿子，这样我才能成为最好的母亲，他也因此能够变得更加自信，才能茁壮成长。

罗伯特、卡伦、苏珊、阿图罗、迈克尔和卡罗丽娜都尝试结合自身的成长经历培养孩子，但我采访过的绝大多数成功人士（不仅是本书中介绍过的那些）的父母在各自的领域并未获得成就。但无论家庭收入如何，父母都十分信赖孩子，支持他们去追求自己的兴趣爱好；而孩子们也都没有被宠坏，从父母身上，他们了解到唯有努力工作才能取得成功。

就算有来自家人的支持，孩子也未必会成长为一名成功人士。但倘若在孩子身上迸发出创造力的火花，那么，最佳的激发他们潜力的途径无疑是为其打造一个充满爱与支持并鼓励学习的家庭环境。无论孩子长大后是将这些价值观注入他们的事业当中，抑或传递给他们自己的孩子（或两者兼有），其影响力都将远超个体家庭的范畴。

原则九

让孩子自行探索

许多年轻人需要花时间寻找自己的道路，前途一片迷茫的状态常有发生。在这种情形下，通常的父母会认为孩子迷路了，而那些成功人士的父母则更倾向于视其为一个探索的过程。

这对许多父母来说绝非易事：想培养一名优秀的孩子，你应该做的是跟随孩子的脚步，无论他们要去哪里。对大多数家长而言，最困难的事情之一莫过于发掘孩子自身的优势，明确他们未来适合走什么样的道路，判断何时以及通过何种方式给予他们支持和帮助。我采访过的不少母亲似乎天然地知道该怎么做，而所有母亲最终都做到了这一点。

肯尼思·金斯伯格在《抗挫力》一书中提出以下建议：

> "后退一步"是一个巨大的挑战。我们想要帮助和引导孩子，替他们解决问题。但我们同时也要提醒自己，允许孩子放开手脚自行解决问题相当于明确地告诉他们："我觉得你有头脑、有能力。"

换句话说，看清楚孩子想要什么，他们喜好的东西是什么，他们擅长什么，以及做什么能够让他们开心。

让孩子的天赋自然地显露，然后给予支持。告诉他们，你为他们在自己所选择的道路上取得的成功感到骄傲，不厌其烦地反复讲，直到他们相信为止。

想要做到这一点并不容易，发掘孩子的天赋是讲究方法的，他们未必将来都会成为各行各业的领军人物，但至少会生活得更加幸福（无论事业发展得怎么样），这就足以。

Kiva 联合创始人杰西卡·杰克利在《改变世界的创业者》（*Clay Water Brick*）一书中同样指出，即便不自行创业，你也可以"培养一种更加积极乐观、富有创造力的思维方式，配合不断进取的行事作风，对于打造美好的生活来说至关重要"。这种生活态度"不仅适用于那些想要白手起家创办企业的人，同样有助于激励不畏挑战、勇于追求梦想的人……任何想要像全世界最优秀的人那般活得有激情、有动力和富于创造力的人……以及无论在生活和工作当中，都善于寻找机会和解决问题的人"。

如果发现孩子在某些事情上有天赋，不妨送他们去上专门的课程或者参加俱乐部。如果孩子对修理、建造、缝纫或销售感兴趣，喜欢玩电脑、下棋、为校报撰稿、唱歌、跳舞或者表演，鼓励他们去实践。不要替他们做选择，不要把你自己的喜好强加给孩子。仔细观察，看清他们擅长和喜爱的东西，然后给予支持。如果孩子想要尝试新的东西，也由他们去。倘若你的孩子碰巧与一般小朋友的学习方式不太一样，也无伤大雅。

如果他们想站在教室后面，或者不愿花时间上学校的通识课程，想在学校做完作业这样放学后就有更多的时间参加体育运动、表演或者唱歌等，不要去阻止。

如果他们想转学以便更专注于追求自己的兴趣爱好，或者换个环境，甚至是出国，都由他们去。

我认识的很多家长都反对跟随孩子的脚步，认为这样一来就等于鼓励孩子们"不务正业"，特别是当这些孩子已经有不认真学习的苗头，父母更倾向于培养大众所看重的品质，而非那些真正激励孩子的东西。他们会问："你怎么就不能老实点？"但实际上，更好的问法是："我如何帮助你找到能够激励自己努力学习的东西？"

做你热衷的事情，热爱你所从事的事业

所有我采访过的成功人士都告诉我，因为热爱自己所做的事情，且有人鼓励他们勇敢地去追求，所以他们每个人都培养了极强的工作责任感。很多人将自己的兴趣爱好直接转变为事业，其他人则对专业之外的东西抱有热情。但他们都懂得努力工作的意义，所以如今才能够取得成功。

在同 Dot2Dot.com 创始人迈克尔·什科尔尼克谈及职业道德问题时，他的看法与许多成功人士不谋而合：

> 我当了 12 年的电影导演，很幸运地获过几次奖。我不知道自己多有才华，多聪明或者多么擅长拍电影，但我有着极强的工作责任感。我工作时间很长，早出晚归，比每个人都有效率。我祖父经常引用孔子的一句话："知之者不如好之者，好之者不如乐之者。"我深以为然。

Shareablee 创始人塔尼亚·尤琪同样强调了做自己喜欢的事情的重要性：

> 我不可能会厌恶自己的工作，我猜所有的企业家都一样。如果我不能爱自己的公司胜过一切，那我一开始就不会做，我不如干点别的。每每有年轻人询问我该如何抵达自己想要去的地方，我会告诉他们说："这其实是一个自然的过程，你要做自己认为有意思的事，能够让你全力以赴，灵魂为之震颤。你不知道最终的结果会是什么。"

让他们找到自己的路

相较于大多数人，成功人士需要更多的自由空间去探寻属于自己的道路，矛盾的是，得到父母的情感支持反而尤为重要。当无法从传统行业获取直接奖励或积极反馈时，父母的信赖就变得更加可贵。

我采访的大多数母亲都谈及了在给予支持和鼓励独立之间寻求一种平衡。即便那些积极参与孩子日常活动的父母，也懂得当时机来临时要放手的道理。

布鲁克斯·贝尔：总有另一次机会

美国龙头数据测试公司布鲁克斯贝尔互动（Brooks Bell Interactive）创始人

布鲁克斯·贝尔（Brooks Bell）在阿拉斯加州安克雷奇市（Anchorage）长大，有一个弟弟和一个妹妹，父母离异。布鲁克斯告诉我，她母亲丽贝卡·波林（Rebecca Poling）一直教导她："你所取得的成就代表着你自身的价值。你生来就享有特权，所以你要回馈社会，做出一番成就。"布鲁克斯坦言，母亲的过高期待无疑是一种"负担"，但同时，也给了她很大的独立空间：

> 母亲有一件事做得很对。我们每个人的性格喜好都不相同，但她会鼓励我们所有人，所以如今大家取得成功的途径也截然不同。
>
> 我的弟弟妹妹更喜欢按部就班的生活：妹妹一边在达特茅斯大学（Dartmouth）攻读工商管理学硕士学位，一边在初创公司上班；弟弟是个律师。母亲忙于经营自己的牙齿矫正诊所，所以她放手让我们自己去讨生活，这实际上帮了我们大忙。她告诉我："你要为自己负责，你有自己的生活和经历，你要自己做选择。"
>
> 高中时，我想当一名平面设计师。母亲并没有阻止，她帮我在一家广告公司找了份工作，我放学后可以过去实习，但那段经历真的非常糟糕。我讨厌有个老板管着我，我想要拥有自由，想要自行支配我的时间。
>
> 除此之外，高中时期我还在本地新闻文艺部、一家视频公司和另一家广告公司实习过。学校的一位顾问为我提供了帮助。我找到这些实习单位，然后她帮我协调时间。她是一位非常出色的导师。母亲让我自行做决定。
>
> 高中时，我还通过父亲加入了一个教会组织，但母亲不赞成。我想和教会的人一起去西雅图静修，希望她替我出旅费，尽管她认为这件事不太妥当，但还是让我去了。她觉得我会从中吸取教训，事实也正是如此。我最终脱离了那个组织。
>
> 相较于朋友的父母，母亲更早地把我当作成年人来对待，她觉得我应该抓紧一切机会去学习，这样才能找到属于自己的道路。

布鲁克斯的母亲做了家长最难做到的事情：让女儿做决定、承担责任、意识到自己的错误，并从中吸取教训。

她同意女儿去很远的地方上大学——北卡罗来纳州的杜克大学，因为那是孩子自己选择的学校：

> 大学时，我想成为一名创业者，但我不知道自己要做什么。大一结束后，我想留在达勒姆（Durham）过暑假。我看到一个广告牌上写着：不要再找暑期工作了——开始暑期创业吧。于是我告诉母亲，这就是我想做的。
>
> 我不能回家过暑假，母亲很失望。但她一直教导我要自己做决定，所以我知道她会让我留下的。她知道我就算回家了也不开心。她一直强调"这是你的人生"，她不想强迫我做自己不喜欢的事情。我刚刚开始独立生活，她希望我能够对自己负责。她认为我必须学会自行解决问题。
>
> 广告牌上的话与我的想法不谋而合，于是我创办了一家名为"付费上漆"（Tuition Painters）的特许经营店，我开着一辆油漆车。但那简直是个灾难，我每个活儿都在亏钱，结果我一共欠了 2000 美元的债等着还。我当时就在想，我预想中的创业可不是这样！
>
> 但母亲却很欣慰。她看到我从中吸取了不少经验教训：关于我自己、关于创业和整个世界。

大三那年，布鲁克斯将平面设计课的期末项目——一个网站，做成圣诞礼物送给了母亲：

> 结果，它成了我创办公司的契机。母亲非常喜欢，她深受震撼，不如说大吃一惊。"你应该自己办个公司，然后靠这个养活自己。不会有问题的，这将会是一段绝妙的学习体验，你对这个很在行。"
>
> 于是，我和男友一同创办了网站开发公司"创新项目"（NovelProjects），结果大获成功。我们一年就赚了 30 万美元。然后我们又邀请了两位开发人员，公司员工只有我们四个人。最后我们把公司卖了。因为我已经开了第二家公司，并且和我男朋友结婚了。

布鲁克斯坦言，母亲的支持对她的职业生涯产生了重要影响，特别是从错误中汲取经验教训：

> 我做人一直很坦诚。如果人们知道你真心为他们着想，即便你犯了错，他们也能理解那并非你的本意，这样你才能得到更多的机会。
>
> 从小到大，我养成了习惯不拒绝任何事。机会自然来到我的面前，因为我身上有正能量，然后我做成了一些事，就好比为母亲设计的那个网站。这为我增加了一些自信心，一步步提升；然后又有了其他的机会，我继续尝试，一点点前进，逐渐积累自信。
>
> 我一直相信自己的选择都是正确的，就算这次错了，下次就是对的。没有到此为止一说。我相信总会有另一次机会出现，这让我变得更加有韧性。每次跌倒了，我就告诉自己："你还有机会。"这帮助我渡过了很多难关，现在也一样。我得以看清一切。每次机会都能让我学到一些东西。

卡伦·梅里克：抓住机遇

webMethods 联合创始人卡伦·梅里克的父母同样放任女儿和女婿菲利普搬去遥远的澳大利亚生活。他们结婚才一年，想要离菲利普的母亲——她生命垂危——更近一些。那时候，卡伦就已经意识到明确自身道路的重要性。从小到大，她的兴趣爱好一直在不断变化，而无论她想要做什么，家人都一如既往地给予支持：

> 我小时候喜欢画漫画。我就读的小学每周都会举办少儿美术比赛，参赛还可以赚钱。所以我参加了很多比赛，每次获奖可以赚 2 美元，加起来也赚了不少。对此我非常热衷。
>
> 后来，我在加州大学洛杉矶分校就业安置中心一边工作一边念大学。我一直想要将这个世界变得更好，但在看到空缺职位的机会后，我转而对营销产生了兴趣。
>
> 我第一次和菲利普约会的时候就告诉他："我打算自己创业。"我祖父、

哥哥和姐姐都有自己的小公司，我看到过他们工作有多努力。我不确定自己是否真的准备好了，但随后我意识到，唯有如此我才能真正做自己热衷的事情，我宁愿在喜欢的事情上竭尽全力，也不想在不感兴趣的东西上敷衍了事。

1994年，我创办了第一家公司"创意营销联盟"（Creative Marketing Alliance），那会儿互联网才刚刚兴起，我雇用了一些外包商帮助新公司做在线营销。美国在线公司（AOL）是我第二个客户。

有些人可能会说这是运气或时机使然，但倘若卡伦的父母没有鼓励她去尝试新鲜事物、努力奋斗，而是教导她稳妥行事，很可能机会就会与她擦肩而过。正是她勇于探索的精神助力她成为一名成功的创业者。

"抓住机会很重要，"卡伦告诉我，"对于未来会怎么样，不要受固有思维束缚。"正是这种"探索各种可能性"的心态促使她同意和菲利普一起搬到澳大利亚：

> 我找了份市场营销的工作，菲利普则在开放软件协会（Open Software Associates）担任工程师。我们在澳大利亚的时候互联网开始爆炸式发展。1996年，我们思考如何将互联网打造为一个整合平台，但菲利普的公司并不想朝这个方向发展，于是我们搬回美国创办了webMethods。

2007年，两人将webMethods以5亿美元的价格出售给德国软件股份公司（Software AG），如今则通过拜伯里合伙公司（Bibury Partners）进行天使投资，这也是他们创办的第二个公司。卡伦还开发了"口袋导师"（Pocket Mentor）手机App，菲利普则是信息系统公司（Message System）的首席执行官。此外，两人还是多家企业董事会成员，并积极参与慈善捐赠活动。

阿曼达·贾奇："我做到了！"

阿曼达·贾奇（Amanda Judge）是Faire系列（Faire Collection）创始人兼首席执行官，该公司在南美雇用了225名本土艺术家制作珠宝，然后在安家

（Anthropologie，美国乡村唯美风格服装品牌）等商店出售。这家价值数百万美元的公司正在改变世界。公司的口号是："将你想要看到的变化戴在身上。"阿曼达致力于遵守公平贸易原则，帮助部分地区实现财富增长。

阿曼达告诉我，在成长过程中，父母看到她的喜好所在，并给予了支持：

> 我叔叔开了一家五金店，母亲在家工作，父亲创业，这就是我的成长环境，每个人都为自己工作。我来自一个蓝领家庭，我们家的家训无疑是"自己动手"。
>
> 因为听母亲卡罗尔·波伦（Carol Pollen）说过不下几百遍，所以我出生后开口讲的第一句话就是"我做到了"。母亲经常说这是我的性格使然。我喜欢自己动手，母亲为此感到骄傲，这让我非常开心。
>
> 小时候，我问父母要零花钱，他们不给。于是我就去帮邻居清理车道，他们说没问题。我一直自己赚钱花。
>
> 12岁时，我想拿一个保姆资格证，但必须上课。母亲说："你只要能安排好时间就行。"于是，我报名参加了课程，然后拿到了资格证，开始照顾孩子。
>
> 那会儿我们根本没有多余的钱。如果想买一份冰激凌甜筒，我就得想办法赚钱。母亲一直支持我们自己赚钱。后来，我要想办法赚钱去度假，再之后是赚钱上大学。
>
> 我有个弟弟，比我小一岁半，正在念博士学位。他是那种富有学术才华的人，而我的聪明才智则更多地体现在日常实用领域。母亲非常关心我们，培养了我们极强的自信心。在我看来，自信是我和弟弟性格上唯一的相似之处。对于我那些疯狂的想法，母亲从未提出过异议，但她一直希望我能够找到自己想做的事，并做好规划。
>
> 此外，我们家一直很崇尚平等主义，每个人都可以表达自己的想法。父母会把我们当作成年人来交流，尊重我们的想法。

阿曼达就读的是公立学校。她坦言，那会儿自己对未来的职业前景一无所知：

我阅读《经济学人》杂志，我对世界各地正在发生的事情很感兴趣，但我从未想过能真正为这个世界做点什么。

我在大学主修金融，因为我知道这可以赚钱。后来我在一家会计师事务所工作了两年半。

有一天我醒来后，突然间意识到，对于余生都要做这一行的自己来说，我要么是太年轻，要么是太老了。于是，我去了国外，找到一户想学英语的人家，我住在意大利北部的一个小村庄。这段经历打破了我的保护壳。我第一次发觉，原来自己不用非得按部就班做一份传统工作。

我开始做志愿者，我觉得有必要做些超越个体自身的事情。我学习西班牙语，然后考入塔夫茨大学（Tufts）研究生院，主修减贫策略。后来，我去厄瓜多尔，带了一堆想要卖的珠宝回来。

研究生毕业后我搬去纽约创办了安第斯系列（Adean Collection），我每天工作18个小时。后来，我们的业务扩展至另外3个国家，并更名为 Faire 系列。如今，我手下有15名全职雇员。母亲是对的，我做到了！

阿曼达做的事和家人截然不同，但父母任由她去探索，阿曼达很清楚，在这一过程中他们会一直在背后支持她。如今，她不仅在做自己热衷的事情，同时也在改变这个世界。

给予无条件的支持

如果孩子完全占据主导的位置，或者想法与家长不谋而合，那么跟随孩子的脚步是很容易的。对于家长来说，真正的考验是见到孩子迷失方向，或者未能找到将自身兴趣爱好转化为事业的方法时，他们是否能够继续给予支持，有时候孩子哪怕"拐个弯"都令家长紧张不已。跟随孩子的脚步并非要欣赏孩子的每一个决定（或者假装欣赏），而是即便那些决定并不符合你的预期，也支持和鼓励他们去实践。

杰西·巴伯：成功的秘诀

杰西·巴伯（Jesse Barber）是 Dudley Market 餐厅的主厨兼老板，该餐厅位于洛杉矶威尼斯社区，主打从农场到餐桌的经营理念，自开业以来就广受关注。杰西此前是"疯狂农场"（Barnyard）餐厅的主厨，就在几个街区外，《洛杉矶时报》和一众美食博客对其赞不绝口。他的妻子西莉亚（Celia）任总经理。

杰西在俄勒冈州尤金市（Eugene）长大，弟弟在"知识分子咖啡店"（Intelligentsia Coffee）工作，妹妹刚刚大学毕业，父母拉里（Larry）和克里斯汀（Christine）都是精神科医生，父亲还是一名牧师。

他告诉我，想要成为一名成功的餐厅老板并不容易，这也并非他最初的目标，但无论他选择做什么，父母都非常支持：

> 我高中勉强毕业。我想我可能考了3次化学才及格，虽然我大概只上过3堂课。
>
> 父母一直很支持我。中学时我打棒球，我加入的那支球队非常厉害，我从来没那么疯迷过。每场比赛母亲都来看，还会给我拍视频，为我大声加油鼓劲。无论我做什么，或者做得好与坏，母亲都会支持我。
>
> 后来，我开始玩定向越野和打篮球。因为喜欢，所以我训练非常努力，成绩也不错。高中时，父亲帮忙给我们当教练，就因为我想打篮球，另外他也想多花些时间和我待在一起。父亲篮球打得很棒，他现在还在打，还可以越过我灌篮。
>
> 我在社区大学念心理学，但我讨厌上大学，所以我辍学了。有一天我径直离开了学校。
>
> 那会儿我有个朋友打算上烹饪学校。于是我就想，哇，这样你就不用上大学了！所以我也报了名。
>
> 显然父母并不觉得这是件值得高兴的事，但他们希望我能找到人生的

目标。所以他们说："你能找到自己喜欢的东西就好。"

我经常在冲动之下做决定，但只要下定决心我就会去做，成功过，也失败过。我觉得从小到大，父母经常会被我做的事惊到。我从来不是那种循规蹈矩的孩子，但他们又敦促我要进行独立思考，虽然结果大概与他们的初衷相悖。

我很喜欢烹饪学校，我是优秀学员，还在毕业典礼上发了言。父母很高兴我终于找到了自己喜欢做的事情。无论我想做什么，他们都百分之百支持，就算那和他们的期望不符。

但杰西告诉我，父母既支持他，也非常坦诚：

我从来不用猜测他们的想法。无论我想不想听，反正他们都会讲。我知道他们是如何看待"疯狂农场"餐厅的，餐厅开业后的 8 个月里，他们 5 次跑来吃饭，因为菜单都是我自己定的，他们想要让我知道，他们为我感到骄傲。

我想象不出没有他们的话我会变成什么样子，他们一直在背后支持我。

妮可·帕特里斯·蒂曼德："母亲教导我向前看"

妮可·帕特里斯·蒂曼德（Nicole Patrice De Member）是一位连续创业者，数据平台"高轨道"（High Orbit）公司的联合创始人。

此前，她创办的肖像工作室（Effigy Studios）对嘻哈和电子舞音乐产生了重要影响，随后，她将工作室出售给艾米纳姆、在线互动音乐社区"Raves.com"以及首批网络票务公司的"Groovetickets.com"。接下来，她转行在洛杉矶风险资本公司创始人基金会（Founder's Fund）负责专题项目，再后来，她创办了自己的公司。

妮可在密歇根州和亚利桑那州长大，父亲是一名机械师，在美国劳工部安全管理局工作，母亲是霍尼韦尔公司（Honeywell）的一名工程师，弟弟大卫也在自己创业，继姐是一名护士，继兄是一名造型师，两个同母异父的弟弟还在上学。

同杰西一样，妮可也不喜欢上学，而她的父母也如同杰西的父母那般支持她的选择：

> 我被大学劝退过两次，然后我也没了念书的兴趣。对于我没能大学毕业这件事母亲接受度良好。事实上，无论我想做什么她都很支持。不管我的想法多么疯狂，她从来不会拒绝我，而是帮助我探索如何去实现。
>
> 六年级时，我用沸水熬糖然后染色做成糖果，放在纸杯蛋糕模子里冷却，再套上包装袋，看上去就像是个冰球，每颗售价1美元。母亲很支持，还帮我弄了许多原材料。
>
> 高三手工课上，我做了些类似餐巾环和磁带收纳盒的木制品，母亲让我拿去她办公室卖。我挣了好几百美元。学校鼓励我们搞一些小型的创业实践，只有我真的做了起来。我接了不少订单，还让同学们一起帮我干活！
>
> 我很庆幸弟弟和我关系非常亲近，我们经常互相帮忙。那些必须独自解决问题的人真的很不容易。
>
> 无论我和大卫想做什么，母亲都非常支持，能够得到母亲和弟弟的支持与理解，对我来说意味着一切。我完全不敢想象倘若没有家人的支持会是什么情形。

妮可告诉我，母亲鼓励她去探索，找到自己真正想做的事情，永远不要停下脚步：

> 有些点子成功了，也有失败的例子，但母亲一直鼓励我不断提出想法，就算行不通，只要翻过新的一页继续就好。好比在白板上不断书写，不过是换个方法再次尝试罢了。我学会了如何将事情推进下去。母亲教导我永远不要沉湎于过去的错误，而是要向前看。

帮助他们发掘自身优势

正如我们所看到的，有些人从小就有明确的目标，其他人则在多次尝试之后才找到自己真正喜欢的东西。想要做到"跟随孩子的脚步"，一些家长选择"袖手旁观"，不干涉孩子做让他们自己开心的事情，但有的家长却不是被动地后退，只等待孩子自己做出一番成绩。我采访过的许多家长都曾努力帮助孩子找到自己想做的事。

艾伦·古斯塔夫森：鼓励孩子相信自己

想来大家还记得 FEED 计划的联合创始人艾伦·古斯塔夫森，小时候她经常被嘲笑（详见原则六），但她还是培养起了自信，认真去尝试了表演行业。

随后，这段经历又给了她从事公共演讲的信心，同听众分享她致力的事业。她的母亲莫拉告诉我：

> 艾伦痴迷于阅读，这算是她的一个课余爱好了。每次我们以为她已经睡觉了，却发现她在被子里打着手电筒看书。
>
> 另外，她还一直热衷于表演，从小她就喜欢穿着演出服唱歌跳舞。她也会参加一些体育运动，但那不是她的强项。
>
> 高中时她要在打篮球和参演校园剧之间做选择，学校不允许她两样都做。许多孩子是通过打比赛出名的，但我们认为那不是她要走的路，不过决定权到底在她手上。

家长很难克制那种想要替孩子做决定的冲动。毕竟，你才是成年人，你比任何人都了解自己的孩子，你不想让他们因为走错路而受苦。但艾伦的母亲打消了这种想法：

> 我们培养她的独立性，独立去思考问题。我教导她："相信，但要去

核实，验明它是真的。不要喝酷爱饮料（Kool-Aid）。就算其他人都在做，也不代表你要和他们一样。"

作为家长，最重要的是帮助孩子发掘自身优势。作为家长，你能够看到孩子的强项是什么，但必须让他们自己去发现。我觉得最佳途径就是通过向孩子提问题。在成长过程中，你希望他们做事谨慎，但不要畏首畏尾。你希望他们能够对自己有信心。

所以我说："你要自己决定。你觉得你日后要做什么——是打篮球还是表演？你来选择将来对你更有帮助的那个。"

结果，她选择了表演，甚至不惜为此远赴洛杉矶。

但是最终，她决定放弃表演。我觉得可能到头来，她终于发现表演很无聊，她不喜欢总是念别人的台词。她知道自己想要改变这个世界。

但在我看来，表演的经历有助于她游刃有余地面对人群。如今，她经常进行公共演说，她天生适合那个舞台，她能够与观众产生共鸣。

某种意义上来说，"跟随孩子的脚步"意味着你要留心他们前进的方向。如果未能切实参与那些孩子擅长的并且能够激发他们活力的事情当中，你很难真正给予支持。对此，莫拉解释道：

如果不帮助孩子发掘自身优势的话，实际上你就等于放弃了作为父母的责任。我在高中教授社会学课程，经常有家长过来和我说："我不知道他们擅长什么。"我就想，天哪，都这个时候了你们居然还不知道他们擅长什么？在我看来，作为家长最重要的职责之一就是帮助孩子挖掘出自身特长。

亚当和斯库特·布劳恩：做真正的自己

我们在原则二中介绍过布劳恩兄弟和激励他们的母亲苏珊。对于苏珊来说，"跟随孩子的脚步"不单单是指让孩子做喜欢的事情，她告诉我说，还要做真正的自己：

其实我们也不知道自己到底做了什么，不过是跟随孩子的脚步罢了。我们做得最明智的事情就是从不否定他们任何兴趣爱好。每个孩子都有自己喜欢的东西，但父母经常会打击他们。

我非常欣赏我的孩子，认为自己没有必要保护他们。我很早就发觉我的孩子们性格都非常鲜明，我一直努力去理解他们的想法，将其视作独立的个体。

有些家长付出很多，想要实现在他们看来所谓的"成功"，但苏珊不这么想，她家厨房里贴着哈利勒·纪伯伦（Kahlil Gibran）的一首诗：

> 你的孩子并不是你的孩子。
> 他们是命运自身所渴望的儿女。
> 他们通过你而来，却并不是你的一部分。
> 即便他们与你生活在一处，却不属于你。
> 你可以给予他们爱，但不是你的想法，
> 因为他们有自己的想法……
> 你可以努力变得像他们，但不要妄图令他们都像你一样。

苏珊告诉我，对她来说，这首诗揭示出孩子不是她的影子。他们有自己的人生，而她的目标是成为其中一股稳定的力量，绝非替他们过活。她希望孩子能够知晓自己的长处，了解真正的自己，然后将其展现出来。

埃里克·瑞安：为人父母的乐趣

我们在探讨输赢的章节（详见原则二）中介绍过 Method 公司的联合创始人埃里克·瑞安。一直以来，他的母亲帕姆都任其探索自己想要做的事情，一直支持他，她本人非常享受这个过程：

> 我们经常说，在埃里克身上我们犯了个错误——我们就该让他自己从医院开车回家，因为他给我们的生活、给他弟弟们的生活带来了太多积极、

强大的能量。他引领我们去做的事情完全超乎了想象，而且非常有趣。

随后，帕姆谈及培养出成功人士的关键，我采访过的很多母亲都提出过类似的观点：

我丈夫汤姆和我列过一份清单，内容是想要让孩子们学的东西，比如滑冰和滑雪，但他们会自己选感兴趣的项目。我们一直很信赖孩子们。我们经常教导他们："这个世界上没有什么是你们做不到的。"我们会帮助孩子们追求各自的兴趣爱好。

同其他许多受访的母亲一样，帕姆在养育子女的过程中收获了不少乐趣，或许是因为当孩子在做自己喜欢的事情时才是快乐的。她告诉我：

这个过程很有意思。我们并不觉得自己做了多特别的事，因为我们完全享受整个过程。我们还很喜欢他们的朋友们，帆船队的孩子们经常会到家里来玩。有一年暑假，四个孩子来我们家小住。我很庆幸自己是全职妈妈，那就好比是在家里检阅军队似的。我很高兴自己能够陪在他们身边，和他们的朋友们在一起。但同时，我也不怕成为一名严厉的母亲。我有规矩。

埃里克总是在做不同的工作。即便上大学加入帆船队之后，他还在兼职拖船，就是他们在东海岸比赛用的那种 I-14 帆船。在学校里，只要他喜欢某门课，愿意去钻研，没有什么能限制他；可一旦他不感兴趣，就好比拔牙一样难受。他一直非常自信，但从不会傲慢自大或者自命不凡。

帕姆谈及，每当埃里克想要什么东西，都得说服家长，这为他同未来客户打交道奠定了基础：

通常来说，最年长的人往往冲在最前面。埃里克为弟弟们扫清了道路。有时候他必须要说服我们允许他做某些事。

我记得有一次他为了说服我们给他买一艘小帆船还特地写了一份建议书。他非常坚持，下定决心非要证明自己的观点不可，不向我们证明他说的有道理誓不罢休。

每当他提出一个想法时，我们会故意让他竭尽所能说服我们，虽然最终我们都会同意。最近我们还同他聊起："有时候我们觉得大概欠你一句道歉。"他回答说："不，你们能对我严厉一些其实非常好。我第一次在会议上做展示的时候，就把它当作是在向你和爸爸汇报，毕竟我做过很多次的，这对我帮助很大。"

无论埃里克做什么，帕姆都给予热烈的支持，从划船到卖洗洁剂。

我第一次在商店里看到他的洗洁剂简直兴奋极了。随后，我看到有一瓶破了，就把它买了下来。

埃里克问我："妈妈，你怎么买了瓶破的？"

我答道："亲爱的，我不想其他人买了去然后觉得你在卖瑕疵品。"

他笑道："妈妈，商店会负责退换的！"

埃里克一直在做让我们惊讶的事情。他带领我们踏上了一段无与伦比的旅程，给我天大的好处和再多的钱我也不换，我非常期待未来的冒险。

相信我们尚无法预见的未来绝非易事，尤其事关孩子的未来，因为我们爱他们胜过一切。如同本书介绍过的大多数成功人士，埃里克所从事的工作或许并不符合父母原本的预期，而帕姆，也像所有其他母亲那般，教导孩子并向其展示，发挥自身优势、追求梦想以及遵从本心的重要性。

而每一位崭露头角的年轻人，就像埃里克一样，在经历人生的每一段曲折与坎坷时，也都有家人的支持。

在交谈的末尾，帕姆用一句话做了精辟的总结，而这句话可以说贯穿本书九条原则的始终："我最喜欢的一句话就是：'永远相信孩子，给予他们信赖和支持。'"

结论

相信你的孩子

在为写作本书选择采访对象时，我的目标之一是尽可能扩大样本覆盖范围，包括个体背景（例如性别、人种、宗教信仰、族群、家庭收入、父母受教育程度、本人受教育程度和出生地）及其所取得的成就，例如创办过大小企业、非营利性组织或公益组织，也可以是成为艺术家或社会活动家。将这些差异纳入考量，我试图寻找一条共同的线索，或者说，放之四海而皆准的主旨。

让我又惊又喜的是，每一位受访者的家庭都明确表达出这样一个信息：我们支持你、信赖你去追求你热爱的东西。有时候，想要将这一点贯彻下去需要极大的忍耐和信念。但每一位家长都说到做到。

或许你会想：这也没什么稀奇的，因为所有父母都相信自己的孩子。但事实并非如此，家长固然都爱着自己的孩子，但这同真正相信和信赖他们不是一回事。

作为家长，我们都想要给孩子最好的，或者至少，是我们认为最适合他们的。而在大多数情况下，我们最想要的，一言以蔽之，就是他们能够成功。某种程度上来说，我们通常认为唯有事业或财富成功才能保护他们免受这个世界残酷现实的侵害。

但想要让孩子取得成功，即便是出于对他们的爱或者希望他们过上幸福的生活，也同真正信赖他们是不一样的。

相信孩子要给予他们百分之百的信赖和信心，即便他们所选择的道路充满坎坷与荆棘，或者他们的选择……该怎么说呢，出乎我们的意料。要清楚，无论孩子尝试做什么，并不一定立即取得成功，但归根结底，这是件好事，因为唯有努力拼搏才能有所成长。支持孩子去寻找、追求自己的兴趣爱好，在取得成绩后同他们一道庆祝，在遭遇挫折时陪伴在他们身边，帮助他们重新振作起来。用你的爱去支持他们，相信他们能够独立面对挫折，而非强行插手替他们解决问题。教导孩子失败并不可怕，他们可以从中汲取经验教训，重整旗鼓。他们可以相信自己。这对每个孩子来说都很重要，对未来将在某一领域获得成功的年轻人来说更是必不可少。相较于试图取悦父母或者其他什么人，做自己最喜欢的事情，遵从本心、无所畏惧地前行——这样的孩子注定会开启伟大的冒险。他们都已经受过最完备的训练，有能力让这个世界变得更好。

让我们一起来看看以下这些父母对孩子表达的"关切"：

· "不要总是玩电脑，多参加些活动，这样你在申请大学时简历就会更丰富。"
· "我觉得你可以辅修音乐，但专业的话还是得学点有用的东西。"
· "你可以主修这门专业，但也得考个教师资格证托底。"
· "大学毕业后你可以全职经营你的小公司，但现在先做正事。"

所有这些家长都出于好意，想要去支持和保护自己的孩子，引导他们走向成功。但类似的话语实际上还隐含了诸如"我们觉得你选的这条路不会通往成功。走非传统的道路可能不会成功，你没那么优秀。我们担心你会失败"之意。

而在我为写作本书采访过的家长里，没有人向孩子表达过类似的担忧。正相反，他们总是说："去吧，我们知道你一定可以成功。"而他们的孩子也都做到了。

他们无论尝试什么都会成功吗？当然不是。

他们在前进的道路上都遇到了障碍吗？显然如此。

他们的每一次努力去尝试都成功了吗？并没有。

他们会放弃自己的事业，转而加入其他人的公司，或者在一家更大的企业里做项目发起人，成为一名具备创造力、自信心、坚韧与无畏品质的人，而非一名创业者？或许吧。

这些有关系吗？完全没有。

因为每每在开启下一次冒险之旅时，家人都会给予他们支持；因为比起取悦父母或者其他人，这些成功人士所做的都是自己喜欢的事情。并非每个人都能做出影响世界的大事，但如果你的孩子有这种天赋，那么等待着他的将是一场无与伦比的美妙之旅。

那些不重要的事

在不同成功人士身上我发现许多相同的品质，这一点令我尤为着迷，但同样让我惊奇的是，一些我原本以为至关重要的因素实则无关痛痒。

例如，我本以为绝大多数成功人士在出生顺序上会有共同点，就好比都是长子或长女；或者父母都接受过高等教育，自己也是某一领域的佼佼者；家里人口较少或者家庭富裕；毕业于知名的高中或者大学。但我错了。诸如出生顺序、家庭规模、家庭收入以及父母及子女本身的受教育程度等因素并非成功的决定性条件，甚至于同杰出的个人品质也没有必然联系。

出生顺序根本不重要。但有趣的是，我采访过的大多数成功人士似乎都认为他们在家中的排行占了便宜（无论排行第几）。例如，很多人觉得出生顺序是一项优势，有人告诉我因为自己是最小的孩子（或者排行居中），他们得到了比其他兄弟姐妹更多的自由；有人觉得家庭规模（从一口人到七口人不等）也是一种优势。这无疑反映出这些孩子从小到大所持的一种态度：他们笃定自己的家庭环境是最适合其成长的。

家庭构成也千差万别，影响不是很大。尽管多数孩子都是由传统的两位家长抚养长大，但也有人成长于单亲家庭，有的孩子有继父母、继兄弟姐妹或者同父异母（或同母异父）的兄弟姐妹，或者家里还收养了其他孩子。但因为父母对待所有的孩子都一视同仁，所以家庭构成并非关键因素。

家庭收入各不相同，既有低收入和工人阶级家庭，也有各行业的中产阶级家庭。但有趣的是，我注意到即便是在相对富裕的家庭里，孩子在成长过程中也并未享有任何特权，事实上，这些孩子大多都要打工赚取零花钱。

而贫穷似乎也没什么影响，因为父母教导孩子无论想做什么，总能够找到方法，比如上大学、出国旅行或者资助那些不幸的人——孩子继而有能力去追求自己的梦想。

事实上，所有这些家庭的一个共同之处，即并不以金钱作为衡量成功的标准。

受教育程度也没有太大的影响。受访者的学习成绩差距很大；有些人从上幼儿园开始成绩就非常优秀；1/3 是顶尖大学的优等生；1/4 拥有高等学位。但也有约 20% 的受访者大学还没毕业便开启了人生的下一篇章。还有人在校成绩一直很差，直到某门课突然激发了他的想象力。诚然，还有些人自始至终就是学习不好。

父母的受教育程度亦然。有些家长甚至连高中都没毕业，有的则拥有高等学位。父母的受教育程度与子女所取得的学术成就并没有必然的相关性。例如，我采访过的两位成功人士自大学时代起成绩就一直名列前茅，但父母都没有大学文凭。而无论自身受教育程度如何，大多数家长都非常看重教育；同样重要的是，就算家长受教育程度再高，一旦孩子想从大学辍学，他们也都支持子女的决定。

此外，我本以为这些成功人士应该从小就显露出了领导才能，譬如那种在操场上说了算的人。实际上，固然有人是天生的领导者，但多数人可谓"大器晚成"，无论如何，他们最终都做到了。

而最令我感到惊讶的是，并非所有父母都积极参与了孩子们的日常生活。

很多母亲会这样做，包括全职妈妈和职场妈妈。但也有不少妈妈们采取放手的态度，她们给孩子立规矩，相信他们能够做出正确的选择。事实上，规矩多少或者严格与否并不重要。有意思的是，那些家里规矩最多的孩子往往得到的自由也最多。

对于我来说，在培养子女的过程中，如何"理智地放手"是最困难的事。如果能重头来过，我会在他们更小的时候就给他们更多的自由。

实际上，如果让我给家长提一点建议的话，我会说不妨更多地尝试放手。告诉女儿你对她的期待，相信她能够做好；当儿子把事情搞砸时，让他自己去解决，不要什么都替他做好。生活中偶尔遇到不顺也无伤大雅。诚然，有时候你的确需要介入，但记得要尽可能地抑制住这种冲动，让孩子独立去迎接属于他们的挑战。

在成功人士身上表现最突出的几个原则

你永远不知道这九条原则中的哪一条给孩子带来的影响最大。但在我介绍的大多数成功人士身上，有几点非常突出：

热情（原则一）：几乎每一位事业有成的人都有自己的课余爱好，大多数是体育运动，高强度和驱动力有助于成功创业。其他人则在课堂上找到了愿意为之奋斗终生的事业，例如音乐、电影或计算机。

还有人的兴趣爱好一直在随着时间变化，但通过追求自己喜爱的东西，他们收获了勇敢、专注、决心以及必胜的信念。

我认为这对父母来说非常关键。假使孩子的喜好尚未显现，鼓励他们探索不同的领域，找到自己喜欢和擅长的东西，然后悉心培养。真心喜欢一件事，他们就会坚持不懈，这有助于培养毅力，在未来取得成功。所有受访均表示，他们有极强的工作责任感，比任何人都要努力，工作时间更久，因为他们热爱自己所做的一切。

不要强迫你的女儿把所有时间花在学习她讨厌的科目上，不要让你的儿子觉得但凡有一门课的成绩不是优秀你就瞧不起他。相较于在各方面都表现得不错的孩子，在某个领域鹤立鸡群的人更有机会取得非凡的成就，过上充实而富足的生活。想要培养孩子的毅力，除了像"虎妈"那样强迫他们，唯一的方法就是将热情援引为动力，因为喜爱它，想要去掌控——无论"它"是什么都好。

竞争（原则二）：随着采访的深入，我愈发感受到这些成功人士在体育竞技（或其他竞技类活动）中对优胜的执着追求是未来取得成功的重要因素。本书中介绍的近一半的成功人士都是通过竞争学会了如何面对挑战、承担风险，学会了失败的意义，学会了在跌倒后重新爬起来、在取得胜利后保持谦逊以及付出就会有所收获的道理。

此外，竞争还促使这些他们渴望在各自的职业领域做出一番成就。他们学会了不惧怕失败，所以更愿意主动承担风险，而这无疑是白手起家的关键。

导师（原则四）：许多成功人士在其人生中有一位或多位导师，可能是除了父母之外的家庭成员、老师、教练或者他们最终所从事的行业的人：可能仅仅是一位值得信赖的成年人，能够发掘出他们的天赋并给予鼓励，他们深受这些导师的影响。

逆境（原则六）：多数成功人士无忧无虑地长大，但也有不少人面临各种逆境，包括身体残疾、学习障碍、被欺负、父母离异或早逝。但他们都克服了这些逆境，茁壮成长。而那些没有遭遇过真正逆境的家庭，父辈或祖辈的成长经历也并非一帆风顺，他们会同孩子分享这些经历，以培养他们的韧性和适应力。

同理心（原则七）：许多成功人士在成长过程中都养成了乐于助人的优秀品质，他们坚定信念要回馈社会，实际上，本书中介绍的绝大多数成功人士直到今天仍在践行着这一点，无论是通过其所创办的非营利性组织、公益组织，还是体现在企业使命和实践、志愿活动方面。对于坚信的事业，他们还会捐赠大量的资金。

什么是最重要的

并不是说世界上每一位兢兢业业、充满动力且有着大好前程的人在成长过程中都遵循了本书中所介绍的这些原则，但我采访过的所有在事业上有杰出表现的人们的确都有一个关键的共同点，即从小到大他们都真切地感受到来自家人的支持。

我采访过的每一位母亲都崇拜自己的孩子，每一位成功人士都崇拜他的母亲。这些妈妈们会说："能够抚养他们长大是我的荣幸。"而她们的孩子们则会说："我家人一直支持我。"或者"我一直很清楚，但凡需要，家人一直都在，他们给了我勇于承担风险的力量。"即便有的家庭父母是双职工，或者抱病在身，但孩子们也知道，在需要时家长一定会出现。

没等我问及，大多数受访者都会主动告诉我家人对他们的重要性，许多人还把从父母身上继承的价值观注入自己的公司或组织当中，比如信赖、不要对错误反应过度、让员工自己做决定以及告诉共事者不要害怕失败。

本书中介绍的所有家庭都培养出自信和懂得关心他人的成功人士，而这些人也都深知自己背后有家人可以依靠。在某些情况下，家人为孩子提供了行动或财政上的支持，而所有家庭无一例外为孩子提供了情感支持。换句话说，无论发生什么事，这些成功人士都清楚父母信赖他们，这给了他们承担风险的自信。

如今，许多家长一听到"支持"这个词就开始担忧支持太多或者太久。比如我们都听过那些 25 岁还同父母生活在一起的成人。我们关注的焦点往往是如何培养年轻人的责任感，但或许这并非问题的症结所在。也许他只是缺乏热情，尚未找到自己喜欢做的事情——或者很有可能他实际上已经找到了，但不被旁人看好，他便也信以为真。

本书中介绍的这些父母放手让孩子寻找自己的兴趣所在，然后全力培养和支持他们。家长让孩子自行决定喜欢什么、想要做什么。这些家长不会说："你将来要像你爸爸那样当个医生，对吗？"而是说："你想做那个？真的吗？嗯……非常好！"

而这些成功人士也都极其自信。有人或许会想，"成功人士当然会自信"，但我认为正是自信引领他们走向了成功，而非反过来。这种自信并非建立在错误的自我认知之上，即无论成功与否都会受到表扬；它植根于内心深处，意识到通过努力自己真正掌握了某些东西，并且做得相当不错。

这无疑是做任何一件事成功的先兆。他们知道自己能行，所以也就真的做到了。

有时候，家长会试图出手干预，代替孩子做好一切：打电话给老师要求修改成绩，或者同教练商议争取给孩子更多的上场时间、更好的位置。他们的意图是好的，但结果却是，孩子在成长过程中变得不自信，认为自己无法真正掌握某样东西，非但不会成功，努力也无济于事。而实际上，就算孩子失败了，也可以继续努力，寻找更好的方法再次尝试，也许下一次就会成功。即便结果不尽如人意，家长也会继续鼓励孩子，并为其所取得的成绩感到骄傲——无论他们要做什么，无论这一天何时才会到来。

相信你的孩子

随着采访的深入，我欣喜地总结归纳出这九条原则，相信每一条原则都有助于培养孩子的自信心和独立性。但还有一条原则同样重要，我无法将其单独整理成一个章节，因为它贯穿于本书的每一个故事，每一个新的想法，每一个远大的梦想，每一次充满勇气的失败尝试以及每一次成功。

本书中介绍的每一位成功人士都说过类似的话："母亲相信我，所以我也相信我自己。"而每一位母亲也都曾提及："我们一直相信他，信赖他。"每一位父母，每一位成功人士，无一例外。

这些父母向孩子传递了以下信息：

· 我们爱你

· 我们信赖你。

· 我们相信你。

· 无论你做什么我们都支持你。

· 你能找到自己的兴趣所在，我们非常欣慰，我们鼓励你去追求它。

· 我们知道你一定会有所成就。

· 我们会一直支持你。

· 不要担心犯错；你会从中吸取经验教训。无论如何，它们不过是你成功道路上的一点磕绊罢了。

· 能够见证你的旅程我们非常激动。

· 我们迫不及待地想要看到你的成功。

我希望家长在同孩子交谈时能更多地说这些话，且言出必行。对孩子自身的能力报以全然的信赖是培养孩子优秀品质的关键，所有这九条原则都可以归结为非常简单的几句话。

不只是培养成功人士

刚开始写作这本书时，我原以为它只适用于那些想要让孩子在某一领域获得非凡成就的父母。我并未想过这些原则同样可以指导计划走传统道路的孩子的家长。

经过反思，我发现我错了。

在采访了数十位创业者之后，我开始发现这九条原则中所蕴含的一种规律，实际上适用于所有人。无论孩子未来从事何种工作，不管他们是从现有领域或组织的底层做起，还是力求创造属于自己的新东西，培养孩子的自信心都大有裨益。

就算你的孩子并不想成为一名独立创业的人，但通过提倡特定的生活或工作态度，鼓励创新精神，也不失为一件好事。以下几点均有助于孩子茁壮成长：

- 相信自己。
- 追求真正的兴趣所在。
- 寻找解决老问题的新方法。
- 在他人选择维持现状时发现机会。
- 即便没有相关资格，也勇于去挑战。
- 全力以赴取得成功。
- 为值得尝试的东西冒险。
- 做出一番成就本身就是最大的回报，和赚多少钱没有关系。
- 将失败视作一种反馈，失败是成功之母。
- 要有远大的梦想。

好比说你女儿是一家大型企业的管理者，她会信赖自己的下属，让他们感受到自身的价值所在。好比你儿子是一所学校的校长，他会像是经营自己的公司那般投入毕生的心血。抑或你的两个孩子都投身公益事业，在遭遇不可避免的挫折后，他们会重新振作起来，找到看待问题的新视角。

并非所有人都愿意赌上自己的一切去干一番大事，也不是说每个人都有创造的天赋——不是每个人都敢于承担风险、热衷于白手起家，或者能够忍受生活充满不确定性，以及投入漫长的时间。这里需要重申的是，假使孩子内心没有那股想要去创业的原动力，父母也做不了什么，就好比不可能把孩子凭空变成医生或者乐团指挥。

　　然而，无论你的孩子是否有创造天赋，12岁起就知道自己到底想要什么或者直到20岁还没有头绪，家长所要遵循的原则是一致的，即无论他喜欢什么、痴迷于什么，他的能力和动力是什么，都要支持他一路向前。

　　或许你是一名医生，而你的女儿恰好一直也想从医，并且理科成绩非常优秀。或者你是一名律师，你儿子很喜欢去你的办公室了解你的工作内容，他擅长辩论、阅读和写作长篇分析性文章。再者，你自己经营着一家公司，孩子每个暑假都会去实习，并且迫不及待地想要一毕业就正式入职工作。有些孩子，在很小的时候就清楚自己想要什么，然后全力以赴去追求，这简直棒极了！

　　但也有另外的可能，比如你的儿子固然喜欢上学，但对于未来打算做什么却毫无头绪，所有听说过的职业他都不感兴趣。再比如，你的女儿非常聪明，但就是不想做作业。或者你的孩子更喜欢各类课余活动，例如参加体育运动、写歌、艺术创作、表演、拍电影、参加学生会选举、下棋、卖高尔夫球、旅行、唱歌、跳舞、玩电脑游戏、在非营利性组织做志愿者、创办一家小公司、修理破损的东西、做手工，这些都非常有意思。很可能他们的兴趣点——他们人生真正的使命——正巧位于刚刚踏上的某条漫长道路的起点。

　　或许你只要抛开那些对于孩子前途的担忧，鼓励他们竭尽全力去追求自己的兴趣爱好，未来足可期，这对孩子自身以及对这个世界或许都将产生深远的影响。

　　无论你的孩子未来想做什么，只要他们知晓有人相信他们——相信他们只要下定决心就能够成功——他们都将从中获益。

　　所以，家长们不妨想一想如何将这九条原则应用于你们自己的家庭生活实践。鼓励孩子追求梦想，因为无论他们未来想要做什么，你的信赖和支持都会帮助他们取得成功。孩子们，同样要感谢父母对你的信赖，然后记得给母亲一个大大的拥抱。

特别附赠

我亲身实践过的

教养原则

这本书讲的并非我和我丈夫的故事，也无关我们的孩子，所以我并没有聊太多关于他们的内容。但在写作的过程中，我多次回首过往，思考相较于受访家庭，我们家又是怎样的情形，我们做了什么，又没有做什么。

没有人比我和马克（Mark）更惊讶于我们竟然培养出两位成功人士。显然，我们的儿子并非从我们俩身上继承了成功基因。我最早在联邦政府做扶贫项目，有工商管理学硕士学位，后来搬去华盛顿特区在国会山工作了一段时间，然后在政府部门从事经济政策与国际发展相关的工作，一干就是 20 年。

我和马克是在国会山工作时认识的，他有法律学位，从事法律工作，随后在航空和技术公司任职。直到我们大儿子上大学，马克才自己创办了一家公司"比斯诺传媒"（Bisnow Media），如今是全美最大的商业地产出版商和活动策划方。

我们的大儿子艾略特是马克的第一位员工。几年后，他离开父亲的公司，专为年轻创业者和其他创意人士筹办了全国性系列会议巅峰系列论坛（乔尔·霍兰德在本书开头部分曾经提及），旨在孵化尖端创意、初创公司和非营利性组织，《福布斯》杂志称其为"嬉皮士的达沃斯"（the hipper Davos）。艾略特累计为慈善机构筹资数百万美元，24 岁便入选《公司》杂志"30 岁以下成功创业者 30 人"名单，许多出版物都采访过他。2013 年，他和巅峰论坛的团队成员筹资买下了距离盐湖城 1 小时车程的粉雪山（Powder Mountain）——占地面积 1 万英亩（约为 40.47 平方千米）的滑雪度假村，打造了全球首个永久性创业者社区。我们也参加了他举办的论坛，只要有时间我们就待在山上。正是通过巅峰系列论坛，我认识了本书中介绍的许多成功人士，然后通过他们，我又认识了他们的母亲。

小儿子奥斯汀创建了一支名为"魔力当头乐团"（Magic Giant）的乐队，自己担任词曲作者和主唱。众所周知，在这一领域其实很难出头，但他有幸能够和一众伟大的艺术家合作，他与人合写并录制了一首名为《倾听》（Listen）的歌曲，由约翰·传奇演唱，他本人则担当钢琴伴奏，作为超级巨星DJ大卫·库塔（David Guetta）专辑的主题曲。乐团参加各类巡演和音乐节，不断收获粉丝。只要我们有时间，就会飞去观看他的演出。奥斯汀每天工作18个小时，每周工作7天，因为他热爱自己的工作。

在儿子们成长的过程中，我们并不认识太多成功人士。晚餐我们也不会讨论初创公司，而是谈论政治。现在回过头来看，我反而觉得我和马克在20世纪80—90年代那会儿一直在换工作却从未想过创业还真的挺奇怪的，从来没有。而艾略特在申请大学时，自我介绍里写的也并非"我是一名创业者"，而是"我是一名网球运动员"。

唯有事后反思，我才意识到我们无意中做了多少事情帮助他们培养出创造力、自信心及坚韧与无畏的品格。参照本书介绍的九条原则，我们所做的如下：

我们两个儿子都有课余爱好（原则一）。艾略特喜欢打网球，我们非常支持，对于他所付出的努力，我们深感骄傲。但因为我们对网球一窍不通，所以他必须敦促我们行动。我们给他报网球课，但他花了大力气说服我们给他报私教课，因为那类课程非常贵。如今，我意识到这样做的好处：他必须向我们证明那些课有用，不能想当然地认为我们就该为他花钱。他所有巡回赛我们全家人都会去参加，最开始是本地赛，然后是地区赛，再然后是全国联赛。他得分的时候我们欢呼雀跃，比赛输掉我们就鼓励他（最初几年他几乎没有赢过）；我们相信他会成为下一个安德烈·阿加西（Andre Agassi）。他在少年组的最佳排名是全美第35位，后来又加入了威斯康星大学（University of Wisconsin）校队。再后来，他告别了网球。

而对于奥斯汀来说，音乐一直是他的挚爱，尽管他是在无意中踏上了歌曲创作这条路。13岁时，他报名参加了篮球夏令营，可第一天就把脚扭了。我拼命寻找还可以申请的夏令营项目，终于找到一个教MIDI的夏令营，即在电脑上创作音乐。结果歪打正着，自此之后他一直在干这行。因为奥斯汀喜欢表演，所以只要他提出，我们就带他去上各种课程，包括声乐、钢琴、打鼓、吉他和舞蹈等。我们观看他在学校的音乐剧、乐队演奏和合唱演出。我们同意他报名参加伯克利音乐学院（Berklee College of Music）的一个暑期词曲创作课程，此外，我们还花钱把他创作的 16 首歌录制成一张 CD 作为高中毕业礼物。他在科罗拉多大学（University of Colorado）主修音乐创作，多年来一直勤耕不辍。

网球和音乐是他们喜欢的东西，但不是我们的。我和丈夫既不打网球，对音乐更是一无所知。孩子们自行选择他们喜欢的东西，而我们则给予支持、鼓励和信赖。

所以总的来说，我认为我们在这一点上做得还不错；此外，在原则五（培养自信心）和原则九（让孩子自行探索）上也算是达标了的。培养孩子的兴趣爱好有助于帮他们建立自信。孩子喜欢什么，我们就在当中投入时间、精力和金钱，因为这对他们来说是"头等大事"，对于他们所取得的成绩，我们深感骄傲，而驱使我们的动力无外乎是希望看到他们努力做让自己开心的事情。

我们是否特地让孩子参与竞争，去了解输赢的意义（原则二）？其实并没有。对于艾略特来说，在追求自身兴趣爱好的道路上，失败是常有的事，因为他开始竞技体育的时间非常晚，连续好几年都没有赢过几场比赛。奥斯汀参加唱歌、表演和舞蹈比赛，大学也参加过竞技运动，但同样输多赢少。正如本书中介绍的许多家庭那样，我们也发现参加体育运动是一个绝佳的途径，让孩子们学会去竞争，了解付出就会有所回报，并有助于培养他们的毅力、韧性和决心。即便如此，这也并非我们的初衷，我们没那么长远的规划，不过是孩子自己活泼好动，喜欢运动罢了。

两个孩子高中成绩都谈不上优秀，但在他们热衷的领域却表现得极为耀眼，对于他们所取得的成绩，我们无比骄傲，我们会将自己内心的喜悦表达出来。尽管我和丈夫更偏重于学术领域，但我们会尽可能地控制自己不过分要求他们每科成绩都拿优秀（原则三）。

如今回过头看，我觉得自己做得最成功的一件事就是在某些时刻没有插手。艾略特念大三的时候中途辍学，因为要帮他父亲拓展新公司，我当时非常震惊。我父亲是一名教授，我从未想过我的孩子可能连大学毕业证都没有。艾略特对我说他就离开一个学期。

接着又是一个学期。现在看来，这是他做过的最明智的决定之一：继续探索人生的道路，而非把时间花在不感兴趣的课业上。今天，我非常庆幸自己当时没有强行要求他拿到大学文凭。不过那时候我真的不太高兴，但我拼命忍住了，相信他的判断。

两个孩子都遇到了非常出色的导师（原则四），我要由衷地对他们表示感谢。这些人不是我们找到的，而是孩子们自己发现的。艾略特中学时有两位很棒的网球教练：马丁·布莱克曼（Martin Blackman）和维萨·波卡（Vesa Ponkka），无论在场上还是场下他们都非常注重荣誉和职业操守，他们培养了艾略特极强的工作责任感。奥斯汀高中的几位导师培养了他的毅力和品格：乐队指挥厄尔·杰克逊（Earl Jackson）、橄榄球特勤组教练德鲁·约翰逊（Drew Johnson）、体育指导员尼尔·菲利普斯（Neil Phillips）、田径教练特雷·约翰逊（Tre Johnson），还有他最喜欢的老师里克·科施纳（Rick Kirschner）和他的大学橄榄球教练丹·霍金斯（Dan Hawkins）。他们给予奥斯汀的信赖弥补了其他一些老师对他的质疑，甚至于对他产生了更加深远的影响。

孩子们能够遇到这些出色的导师，我们深感欣慰，他们的教诲直到今天还在指引着两人前进。例如，艾略特八年级的时候，马丁教导他，想要在赛场上斩获冠军，场下也要表现得比所有人都优秀。奥斯汀上大学时刚过 21 岁，有人想让他去买酒，他说："我教练说了，去卖酒的地方不会有什么好结果。"倘若这些建议出自家长之口，还能起到同样的效果吗？真的太感谢你了，霍金斯教练！

既然聊起这个话题，我想特别补充一点，即家长也需要导师。回首过往，我意识到除了有出色的父母之外，在养育子女方面，实际上我也有一位导师，那就是兰登洛厄学校（Landon Lower School）的校长马科斯·威廉姆斯（Marcos Williams）。

有一件事我记得特别清楚。艾略特三年级时，有一天晚上他花了很长时间写作业，第二天一早我走进他的房间，发现他把作业本忘在桌子上了。于是我开车去他学校，等在办公室前，想看看能不能有人帮我拿给他。马科斯走出来和我讲了这样一番话：

玛戈特，他将来能不能上哈佛与现在三年级的成绩毫无关系。退一步说，如果你一直都他收拾烂摊子，他又能从中学到什么？你只会让他知道，就算自己做不到，你也会帮他做。这是不是比三年级因为晚一天交作业被扣分更糟糕？你难道不应该教导他为自己的行为承担后果，继而成为一个负责任的人吗？

于是，我带着作业本又回家了。

那天马科斯对我说的话非常重要，回过头看，他实际上点明了我在教育子女过程中的一个弱项：比起后退一步让孩子独立解决问题，我更想要替他们做好一切。

我经常会为儿子们挺身而出，但可能次数太多了。有时候我会让他们为自己而战，可一旦发觉强势者对他们不公时，我就会介入。事后来看，这可能是我犯的最大的错误：关心过重、参与过度、帮助太多。但至少孩子们知晓我就在他们身后。

就养育子女而言，本书中介绍的一些家庭也让我接触到许多不同方面的东西，虽然可能对于我们家来说并不是个问题。我们很幸运，孩子从小到大没有遭遇过太多艰难的逆境（原则六）。那些给家庭或孩子带来沉重打击的逆境——疾病、死亡与毫无预兆的不幸，这些东西没人能够掌控，而我采访过的许多父母和孩子们在面对逆境时表现出极大的勇气和坦然的态度，他们变得更加勇敢，也更加有韧性。

面对相同境遇时，我希望我们也可以做到。

此外，我不得不承认，我采访过的许多家庭比我们更注重培养孩子的同理心（原则七）：这是他们生活的重中之重。行动是关键：这些家庭都做了非常了不起的事，比如收养贫困儿童，定期为他人服务，包括在收容所做志愿者，这些工作都非常有意义。

家庭和睦（原则八）——这一点在我们家毋庸置疑。本身和睦的家庭有很多，打造一个和睦家庭的方法亦然。我们全家经常一起吃晚饭。有人问过我那一般什么时候吃，我说"最后一个人进门之后"。奥斯汀的演奏会、戏剧演出和橄榄球赛，全家人都会到场；另外，在3年中，但凡有假期，我们就去给艾略特的网球比赛加油。

我们还经常一起旅行。我想要让孩子们去不同的地方，接触不同的文化和做事方法。就结果而言，这一举措还起到了意料之外的重要作用：它让我们一家人变得更加亲密，因为我们一直在一起，共同经历着一切。我强烈向大家建议全家一起旅行。我非常珍惜我们四个人在一起的回忆，我希望家人之间的纽带能够永远地维系下去。

如果你的孩子梦想着改变世界，我由衷地为你感到开心。因为你即将踏上一条充满挑战、刺激并且回报丰厚的旅程，你永远也无法想象终点会通向哪里。我希望，无论孩子的旅途最终在哪里结束，他们都能够知晓，这一路你一直与他们同在。我简直等不及想要了解他们都取得了怎样的成就。

致　谢

这无疑是一条漫长的道路，感谢激励我坚持下去的大家。我最先要感谢的当然是我出色的丈夫马克，他经常说："不要急，把事情做好。"然后是我优秀的儿子们，艾略特和奥斯汀，他们最先鼓励我写作本书，因为每一位我问及的成功人士都表示："我能够有今天的成就，与母亲对我的信赖是分不开的。"对此，我感到非常惊讶。艾略特和奥斯汀向我介绍了很多他们的朋友，以及他们的母亲，他们都同意接受采访。

感谢亚当·布劳恩（Adam Braun）把他的经纪人介绍给我，通过他我认识了自己的经纪人瑞恩·哈贝奇（Ryan Harbage），他从一开始就对这本书充满了信心。感谢苏珊·里昂（Susan Leon）对本书做了初审，感谢大卫·海沃德（David Hayward）的二审。感谢肖娜·夏皮罗（Shauna Shapiro）把我介绍给新先驱（New Harbinger）出版社的泰西利亚·哈诺尔（Tesilya Hanauer），她几乎立刻明白了这本书所要传递的信息。感谢新先驱出版社所有为本书付出过努力的人，你们的工作实在太出色了。感谢詹姆斯·马歇尔·赖利（James Marshall Reilly）教我如何撰写出版计划。我尤其要感谢 60 多位成功人士及其母亲，感谢他们与我分享了自己的经历，帮助他人学习如何培养一位有创造力的、自信的、坚韧无畏的孩子。没有你们，我无法做到这一切，感谢大家。